Einmal grad
und einmal krumm

Hans Witzig

Einmal grad und einmal krumm

Zeichenstunden für Kinder

FALKEN

Von Hans Witzig ist im FALKEN Verlag auch erschienen:
„Punkt, Punkt, Komma, Strich“ (Nr. 564)

ISBN 3806805997

Umschlaggestaltung und Titelbild: Zembsch' Werkstatt, München
Illustrationen: Hans Witzig
Satz: Bauer & Bökeler Filmsatz GmbH, Denkendorf
Druck: Dresdner Druck- und Verlagshaus GmbH

02059982 X 8

Inhalt

Einmal grad und einmal krumm

Liebe Kinder, große und kleine, kommt setzt euch her. Gut so: rund um den Tisch. Zuerst möchte ich mich vorstellen: Bleistiftchen heiß' ich und ein Bleistiftchen bin ich. – Kaum so lang wie ein Finger und unscheinbar. Aber wartet, ihr werdet noch staunen. Bringt mir nur erst ein Papier, ein schönes sauberes, weißes soll es sein. Ja, so ist's gut. Und jetzt braucht ihr mir nur zu sagen, was ihr von mir wünscht.

Die Kinder sprechen:

Bleistiftchen, auf, erhebe dich!
Dein spitzer Fuß bewege sich!
Er gleite hin, er ziehe Gleise,
bald gradeaus und bald im Kreise,
Dir zur Freude und Erholung,
Uns zum Spaß und zur Belehrung.

Und das Bleistiftchen antwortet:

Was ihr wünscht, will ich vollbringen,
Und ich werde gleich beginnen.
Punkt und Punkt und Komma, Strich –
Fertig ist dein Angesicht.

Aber Bleistiftchen, das ist doch wirklich nichts Neues. Nur langsam, nicht so ungeduldig. Ich bin ja noch gar nicht fertig.

Einmal
grad
und

einmal krumm,

einmal links
und

einmal rechts
herum,

und jetzt noch dies
und jetzt noch das –
fertig ist
mein Osterhas.

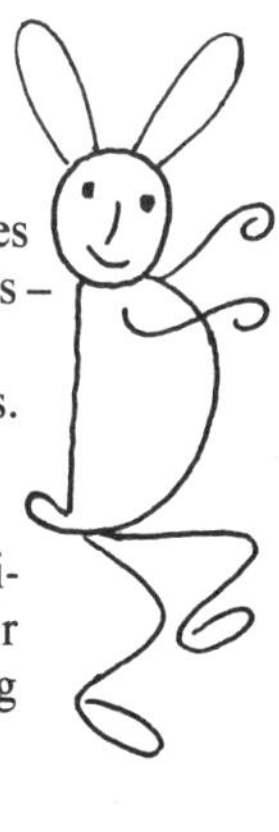

Bleistiftchen, das hast du schön gemacht, wir wollen aber gar keinen Osterhasen, Ostern ist längst vorbei. Zeig uns lieber, wie wir ein Männchen zeichnen. O ja, zeichne uns einen Mann. Lustig und auch schön soll er sein.

Das Bleistiftchen spricht:
Was ihr wünscht, hab ich vernommen.
Frisch gewagt, ist halb gewonnen:
Mutig hol ich aus zum Schwung,
Rundherum und grad und krumm.
Wie mit Schlittschuhn auf dem Eise,
Zieh ich Kurven, schreib ich Kreise,
Ruhe nicht und raste nicht,
Bis mein Werk vollkommen ist.

Ach Bleistiftchen, dieser Schnörkelmann kann nicht unser Freund sein. Willst du ihn nicht noch etwas verschönern? Male ihm doch wenigstens noch eine Jacke und eine Hose. Auch ein Hut müßte ihm ganz gut stehen.
Mal sehen, was sich da tun läßt.

Ja, so gefällt er uns schon besser. Wirklich ein lustiger und beinahe auch ein schöner Herr. Ein Herr Lustigschön! Bleistiftchen, nun mach uns gleich etwas näher mit ihm bekannt. Du hast ihn ja gemalt, nun sage uns auch einen schönen Spruch für ihn. Wir möchten nicht nur einen schönen und lustigen, sondern auch einen braven Mann.
Das gefällt mir, Kinder.

Verzeihe mir, Herr Lustigschön,
Aus Schnörkeln ließ ich dich entstehn.
Ich malte grade und auch krumm,
Und die Kleider rundherum.
Hast zu wählen du im Leben,
Dann schleiche nie auf krummen Wegen.
Folg ohne Scheu der richt'gen Spur,
und wähle stets das Grade nur.

Aber jetzt wirst du dich deinen jungen Freunden erst vorstellen wollen.

Laß dich, Herr Hannes Lustigschön,
vorerst nach allen Seiten drehn.

Nun zeig uns, wie du hüpfst und springst,
und was du sonst noch fertigbringst.

Bravo, bravo, Herr Lustigschön. Jaja, der Name paßt zu Ihnen.

Danke schön, meine verehrten Herrschaften. Auf Wieder – – hoppla!
Kinder, sagt Bleistiftchen, seid ihr jetzt mit mir zufrieden?
Ja, fein hast du das gemacht.
Dann darf ich mich jetzt bestimmt ein bißchen ausruhen, oder? Nein, das darfst du noch lange nicht. Oh zaubre uns noch mehr solcher lustigen Dinge aufs Papier! Hast du uns deinen Herrn Lustigschön vorgestellt, so führe uns jetzt auch seine Frau vor.
Frau Lustigschön meint ihr? Mein Gott, wenn es die bloß gäbe. Herr Lustigschön hat gar keine Frau. Herr Lustigschön lebt alleine, er ist ein Junggeselle. Ach, sonst könnte er wohl nicht so lustig sein.
Bleistiftchen, das sind nur Ausreden. Hat er keine Frau, so mußt du ihm eben eine besorgen. Hörst du, eine junge, hübsche soll es sein.

Ich hab's verstanden, bitte schön.
Wir ihr es wünscht, so soll's geschehn.
Was ich als Anfang hier benütze,
Ihr nennt es eine Zipfelmütze.
Eins, zwei, drei: an ihrer Spitze
Eine bunte Quaste sitze!
Und schwuppdiwupp, auf diese jetzt
Sei ein Knäuel Garn gesetzt.

Oh Bleistiftchen, nun erkennen wir schon, was daraus wird: Ein Fräulein, hübsch und fein. Man kann sie nur von hinten bewundern. Bleistiftchen, jetzt darfst du dich etwas ausruhen. Schau, wir zappeln vor Ungeduld und möchten unsere eigenen Bleistiftchen ein wenig spazierenführen. Jeder von uns wird ein Fräulein Hübschundfein zeichnen.

Bleistiftchen, da sind wir wieder. Sieh, was wir deinem Herrn Lustigschön vorzuführen haben. Nicht wahr, da staunst du? Nun laß ihn kommen, den Junggesellen, damit er sich eine Frau aussuchen kann.
Ich will ihn gleich rufen. – Aha, da ist er ja schon.

Bleistiftchen, wie lieb du das gemacht hast! Führe das, was du angefangen hast, auch gleich zu einem guten Ende. Laß die beiden ihre Hochzeit feiern. Wir sind neugierig, wie du das fertigbringst.

Kinder, so schnell geht das nicht. Bedenkt doch: Soll ich unsere frischgebakkenen Eheleute Lustigschön unter freiem Himmel, oder drüben am Berg unter einem Tannenbaum wohnen lassen?

Das sollen sie allerdings nicht. Bleistiftchen, daran haben wir wirklich nicht gedacht.

Schön, so besorgt den beiden erst ein Haus!

Wird gemacht. Kommt alle mit auf Wohnungssuche. Mal sehen, was wir auftreiben.

Herr Lustigschön und Fräulein Hübschundfein, was meint ihr dazu?
Ach, wär' es nur nicht ganz so klein.
Wo schlafen unsre Kinderlein?

Auch dieses Haus könnt ihr haben. Und gar nicht teuer. Fast umsonst.
Nehmt es uns nicht krumm, o bitte!
Bewahr uns Gott vor dieser alten Hütte.

Dort oben, fünf Treppen hoch, ist noch eine Wohnung frei, eine wunderschöne Wohnung mit allem Zubehör.

Und trotzdem: nein wir danken schön,
Stadtluft ist uns nicht angenehm.

Eine Villa, ganz vornehm eingerichtet und mit herrlicher Aussicht auf See und Gebirge. Ist es dies, was euer Herz begehrt?
Gewiß, es ist was Wunderfeines,
bloß paßt es nicht für unsereines.

Ein Wohnwagen! O ja, guckt nur hinein. Ist er nicht schön eingerichtet? Mit Tisch und Bank, mit Schlaf- und Kochgelegenheit? Ein Wohnwagen, das wär's doch! Ihr spannt ein Auto davor und kutschiert nach Herzenslust in der schönen weiten Welt herum.
Ihr lockt uns nicht, es tut uns leid.
Wir lieben die Beständigkeit.
Mein Herr Lustigschön und mein Fräulein Hübschundfein, so sprecht: Womit können wir euch dienen?
Wenn wir einen Wunsch äußern dürfen: Helft uns, einen kleinen Bauernhof zu finden. Das ist es, was wir am liebsten haben möchten.

Also dann, wenn euch das Bauernleben Freude macht, so schaut euch dieses Haus an. Ein Bauernhaus, nicht neu und auch nicht alt, nicht klein und auch nicht groß. Doch überlegt es euch nicht zu lange. Morgen kann es schon zu spät sein.

Annemarei spricht:
Kein schön'res find't sich hier im Land.
Und Hannes meint dazu:
Wir schlagen ein, hier meine Hand!
Und unser Hausspruch sei:

Lieb' und Treue darin
Gottes Hand über ihm.

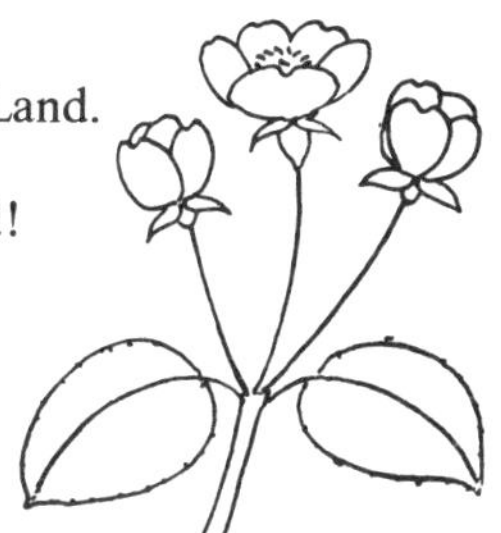

Bleistiftchen, wir bitten dich, laß den Hannes und seine Annemarei nun endlich ihre Hochzeit feiern, o bitte, warte nun nicht mehr länger.
Ja, meine jungen Freunde! Sicher habt ihr den beiden ein Haus – ah, und was für ein hübsches – verschafft. Aber ach, wäre das bloß alles. Seht her, da sitzen sie nun:

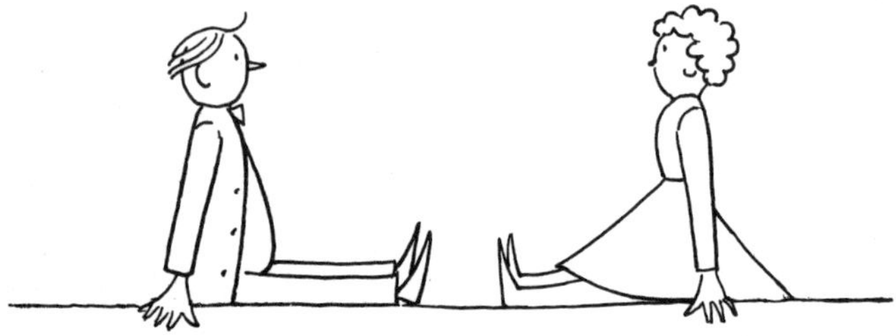

Und wo sitzen sie? – frage ich euch. Auf dem weiten, leeren und nackten Fußboden. Wo anders sollen sie sich in ihrem eigenen Haus auch hinsetzen?

Und wo sollen wir schlafen? fragt Hannes. Etwa auf einem Bündel Stroh? – Und worin soll ich dir dein Essen kochen? jammert Annemarei. Wo dein schönes Sonntagskleid hineinhängen? O Hannes, warum haben wir nicht doch den Wohnwagen genommen?

Bleistiftchen, wir verstehen dich: Die Aussteuer! Nicht lange gewartet und frisch an die Arbeit. Aber bitte, nicht aus der Fabrik, sondern von einem tüchtigen Dorfschreiner angefertigt.

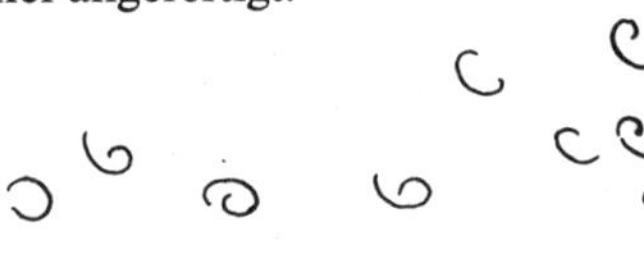

Bleistiftchen, haben wir unsere Sache nicht gut gemacht? Schau nur, da hält schon der Wagen mit den Möbeln vor dem Haus im Grünen. Kisten und Kasten, Betten, Tische und Stühle werden abgeladen.
Fein! Doch zeigt mir gleich noch, wie ihr all die schönen und nützlichen Sachen aufstellt. Dann soll die Hochzeit sein.

Wie schön habt ihr das gemacht! Wie freundlich und gemütlich sieht alles aus. Ich wette, den beiden lacht das Herz im Leibe.

Annemarei Hübschundfein und Hannes Lustigschön feiern heute Hochzeit. Hochzeit nach ländlichem Brauch. Kinder, seid ihr schon neugierig, zu hören, wie es bei einer Hochzeit so zugeht?
O ja, Bleistiftchen, laß uns mit dabei sein.

Sie stellen sich ein, die geladenen Gäste,
Verwandte und Freunde, zum heutigen Feste.
Zur Brautjungfer ist die Käthe bestellt,
Als Brautführer ist Vetter Fritz beigesellt.
Grüß Gott Tante Grete, Grüß Gott Ferdinand,
Seid alle willkommen, Grüß Gott miteinand.

Doch keiner kommt mit leeren Händen,
Laßt sehn, was sie den beiden schenken:

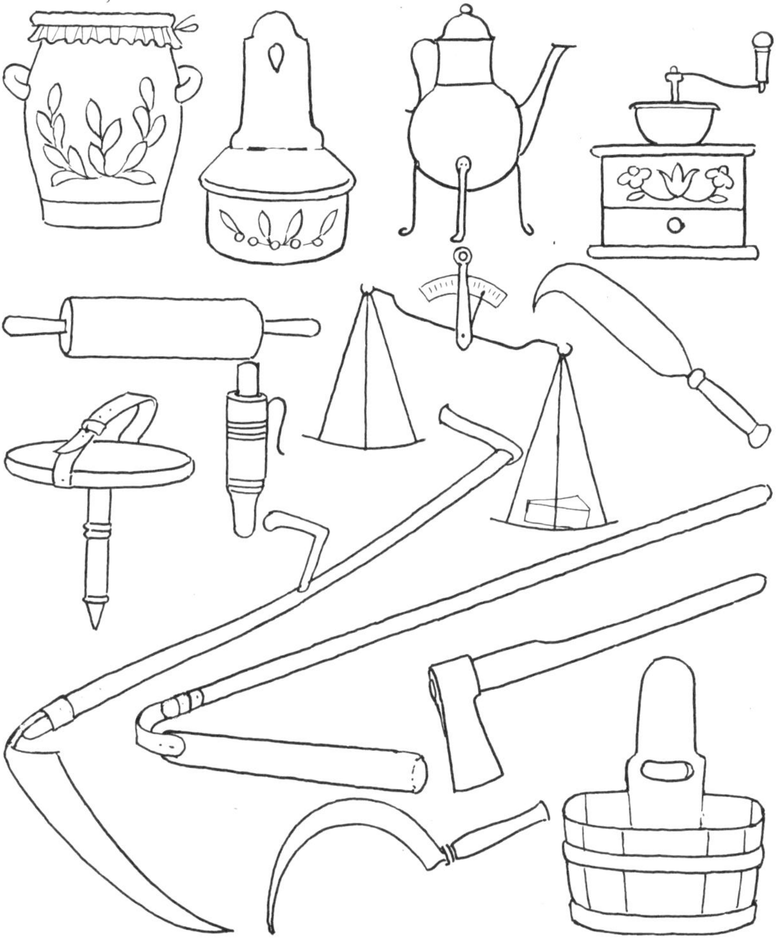

Annemarei bekommt für die Küche einen vollen Buttertopf, ein Salzfaß, eine Kaffeekanne, eine Kaffeemühle, eine Teigrolle und eine Handwaage. Hannes, der Bauer, erhält einen Reisiggertel, einen Melkschemel, ein Fäßchen für den Wetzstein, eine Sense, einen Dreschflegel, eine Axt, eine Sichel und einen Milcheimer.
Meine lieben Kinder aus der Stadt, sind euch diese guten alten Geräte alle bekannt?

Während vom Turm die Glocken läuten,
Seht ihr sie nun zur Kirche schreiten.
Im Gasthof sorgt man unterdessen
Für ein leckeres Hochzeitsessen.

Sie sind zurück, es wird serviert,
Und darauf tüchtig schnabuliert.

Was da alles in die hungrigen Bäuche wandert! Soll ich euch den Mund wässrig machen?

Eine Nudelsuppe, gefüllte Brathähnchen mit Bohnen und Kartoffelklößen. Aber auch der Traubensaft wird nicht vergessen. Hannes erhebt sein Glas, heißt seine Gäste nochmals willkommen und wünscht ihnen einen guten Appetit.

Kaffe und Kuchen rücken nach,
Man wird gesprächig ganz gemach.

Gesprächiger und immer lustiger. Vetter Balthasar bringt mit seiner Tischrede alle zum Lachen. Tante Olga trägt selbstgemachte Verse vor.

Dann aber sind die Kinder an der Reihe:

Liebe Leute,
Ich komme aus einem fernen Land.
Frau Holle hat mich hergesandt.
Was ich in meinem Korbe habe,
Ist ihre gute Hochzeitsgabe.
Es ist ein Ding, das jedermann,
ob alt, ob jung, gebrauchen kann.
Doch ratet nur: Was mag es sein?
Ihr wißt es nicht?
Das Ding heißt Schwein.
O nehmt es, laßt ihm
eure Sorge angedeihn.
So mag es immer
bei und mit euch sein.

Grüß Gott, Herr Lustigscheen samt Schätzle,
daß ihr's gleich wißt: ich bin die Liese Spätzle,
das Gänseliesel aus dem Schwabeland.
Womit ich euch beglücke,
liegt's nicht auf der Hand?
Frau Gänsin und Herr Gänserich!
Sie schnattern ganz erbärmiglich,
und lieben sich herzinniglich.
So wird euch denn bei diesen zwein
um Kinderchen nicht bange sein.

»Was die uns bringt«,
meint ihr wohl jetzt und heute,
»Wird uns als unnütz Ding im Wege stehn!«
Doch immer langsam liebe Leute:
Die Tage kommen und die Tage geh'n.
O laßt euch sagen und euch prophezein:
In einem Jahr
wird es euch unentbehrlich sein.
Seht her, sie ist
aus schönstem Nußbaumholz
Was sie einst birgt,
sei euer Glück und Stolz.

Meine Kinder, spricht Bleistiftchen, seht ihr's, schon wird es Abend. Da mein' ich, wir lassen unsere Hochzeitsgesellschaft aufbrechen und schön brav nach Hause gehen. Viele haben noch einen weiten Weg zurückzulegen.
Bleistiftchen, was fällt dir bloß ein! Jetzt willst du sie nach Hause schicken, jetzt, wo es erst gemütlich wird? Nein, nein, da soll's doch erst richtig losgehen. Laß nun auf der Stelle die Musikanten auftreten. Sie sollen zum Tanz aufspielen. Merkst du es denn nicht? Schon jucken der Liese, der Käthe, der Grete die Füße unterm Tisch.

Die Musikanten kummen.
Schrumm – schrumm, sie fangen an.
Sie dudeln und fiedeln und brummen,
Schrumm – schrumm, dideldum, dideldang.

Eins zwei drei – vier fünf sechs.
Eins zwei drei –
Hee, tut nicht spröde dort, ihr zwei.
Rührt euch, faßt euch, frisch herbei.

Wiegt euch, schiebt euch in das Wogen,
Wer nicht schiebt, der wird geschoben.
Nimmermüde dreht euch, dreht,
Tanzt, bis früh der Hahn dann kräht.

Schönen guten Tag, Bleistiftchen.
Guten Tag, ihr Mädchen und Jungen.
Bleistiftchen, bist du für neue Arbeit bereit? Hast du dir überlegt, was nun werden soll? Wir sind gespannt, wie es weitergeht.
Kinder, seid nur nicht neugierig. Bevor ich meine Geschichte fortsetze, sollt ihr ein Rätsel lösen. Vielleicht erratet ihr dann, was inzwischen passiert ist.

Wer ich bin und was ich blase,
Mit vier Buchstaben schreibst es du.
Willst du wissen, **wen** ich blase,
setz' zwei Buchstaben noch dazu.

Oh, wir wissen es. Das ist der Wind, der in die Windel bläst. Meinst du Frau Annemareis Windeln, die ihres Kindes? Wie schön, Lustigschöns haben ein Kind bekommen!
Ja, so ist es, das heißt, ihr habt nur die Hälfte erraten. Ich will es euch nicht länger verheimlichen. Herr und Frau Lustigschön haben Zwillinge bekommen. Ich stelle sie euch gleich vor:

Und heute soll ihre Taufe sein.

Hannes, so heißt der glückliche Vater, holt die Patentanten und Patenonkel vom Bahnhof ab.

Es ist ein wunderschöner Sonntag im Mai. Die Sonne scheint, und die Vögel zwitschern. – Die Glocken läuten schon für die Taufe. – Seht, wie feierlich alle angezogen sind und wie behutsam die beiden Täuflinge zur Kirche getragen werden. Tante Hanna und Tante Babette, die Patentanten, tragen die Kinder auf weichen Kissen.

Hinterher probieren alle den Festtagsgänsebraten. Hm, das schmeckt!

Bleistiftchen, hübsch war das mit der Taufe, aber du hast uns ja gar nicht gesagt, welche Namen die Kinder bei der Taufe bekommen haben. Und überhaupt: Sind es Mädchen oder Jungen?
Langsam, das kommt ja alles noch.
Willst du uns die Zwillinge nicht nochmal vorstellen? Wenn es geht, mit etwas freundlicheren Gesichtern.
Wie ihr wünscht. Also, es begrüßen euch recht herzlich:

Liese Lustigschön und Felix Lustigschön.
Beide in ihren schönsten Sonntagskleidern.

Meistens schlafen sie – gut aufgehoben – in ihren Bettchen. Seht mal! Da sind auch ihre Eltern. Guten Tag, Herr und Frau Lustigschön! Möchten sie uns Ihre Kinder gleich selber vorstellen?
Vielen Dank! Wir beglückwünschen Sie zu Ihren kleinen Schätzchen.

Und nun ein Jahr später.
Kinder, ich bin neulich bei den Lustigschöns zu Besuch gewesen. Ich wollte doch die Zwillinge wieder einmal sehen. – Schaut her: Ich zeige euch hier, was sie so den ganzen Tag über anstellen.

Bleistiftchen, du kannst die kleinen Kinder aber schön zeichnen. Das möchten wir auch gerne lernen. – Meinst du, wir könnten eine schöne kleine Spielpuppe zustandebringen? Weißt du, dann schneidern wir ihr noch Puppenkleider und schenken sie den Zwillingen von Lustigschöns.
Gut so, laßt es uns zusammen versuchen. Paßt nur auf, wie ich es euch vormache.

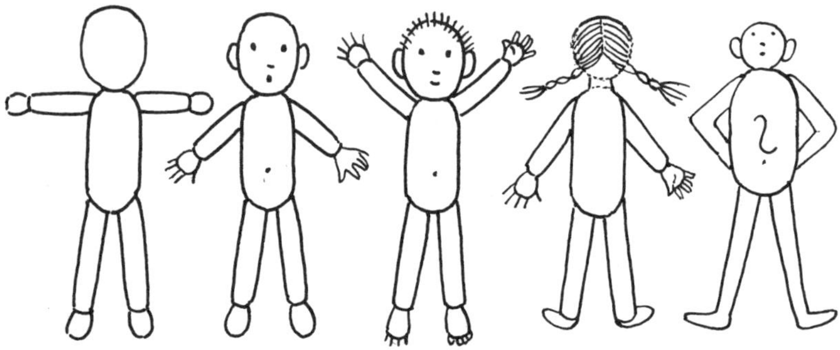

Kopf – Körper – Arme – Beine –. Ja, Bleistiftchen, wir merken, worauf wir achten müssen. Kleine Kinder haben noch einen großen Kopf – im Vergleich zum Körper – und kürzere Arme und Beine als Erwachsene. Stimmt's?
Genau so ist es. An kleinen Kindern ist auch noch alles weicher und runder. Seht euch nur die lustigen Pausbäckchen an. Auch die Arme und Beine sind von oben bis unten fast gleich dick und rund.

Ihr Puppenmütterchen.
Ihr seht uns hier verlassen sitzen.
Vier arme Kinder, ohne Eltern, nackt und bloß.
Laßt uns in warme Kleider schlüpfen.
Ach nehmt uns doch auf euren Schoß.

Bleistiftchen, du darfst dich jetzt ein wenig hinlegen und ausruhen. In der Zwischenzeit ziehen wir unseren Puppen schöne Kleider an.

Bleistiftchen, gefallen sie dir? – Willst du sie den Lustigschönkindern geben?

Recht gern. Wenigstens zwei davon. Einen Jungen und ein Mädchen. Die anderen könnt ihr verschenken.

Fein. Eine bekommt die kranke Anne und eine der Gottfried, der nicht laufen kann. Nicht wahr? Schenken macht doppelt Spaß. Wer das Geschenk bekommt, freut sich, und wer es gibt, freut sich genauso.

Gut, Kinder. Denkt ihr denn auch noch an die vier armen Kinder ohne Eltern?

Kinder, wie schnell die Jahre vergehen! Ehe ihr's denkt, sind Felix und Liese zu fleißigen Helfern in Haus und Hof herangewachsen.
Bleistiftchen, dann laß uns jetzt sehen, was es für unsere Freunde vom Lande außer den Schulaufgaben schon alles zu tun gibt.
Mit Vergnügen. Doch ihr müßt mit einigen wenigen Beispielen zufrieden sein.

Vorfrühling

Halte Pfahl und Bäumchen schön gerade, bis ich die Wurzeln zugedeckt habe! Ja, so ist's gut.

Die Vogelnistkästen nehmt ihr alle herunter und reinigt sie. Die jungen Vögel werden es euch danken.

Sommer

Schon habe ich einige Tropfen gespürt. Ja, wenn wir unsere jungen Helfer nicht hätten!

Herbst

Nicht wahr, Kinder, ihr legt die Tafeläpfel sorgfältig in die Obstgestelle, so vorsichtig als wären es Eier.

Spätherbst

Oh, diese Runkelrüben! Bis alle ausgezogen und geputzt sind! Hu, meine kalten Finger!

Die letzten Kartoffeln! Wie eisig sie sich anfassen. Das glaub ich wohl, bei diesem rauhen Wind. Der wird uns den Winter bringen.

Felix, du bist wirklich ein guter Wetterprophet. Sieh da, über Nacht hat uns der Winter eine weiße Flaumdecke beschert.

O ja, liebes Bleistiftchen, laß es nun eine Zeitlang Winter sein.

Winter, Winter, hei juchhee,
Bring uns einen tiefen Schnee.
Willst ein rechter Winter sein,
Laß gefrieren Stein und Bein.

Einfach herrlich! Sogar ohne Skilift.

Bahn frei!

O weh, meine schöne Skispitze!

Bleistiftchen, wie lustig, wie toll! Könnten wir doch auch mit dabei sein!

Das will ich glauben, Kinder. Und dasselbe wünschen auch Felix und Liese. Mutter Lustigschön aber meint: Erst die Arbeit, dann das Vergnügen. Felix, unser Kachelofen wartet auf dich. Und auf dich, Liese, warten die armen hungrigen Vöglein.

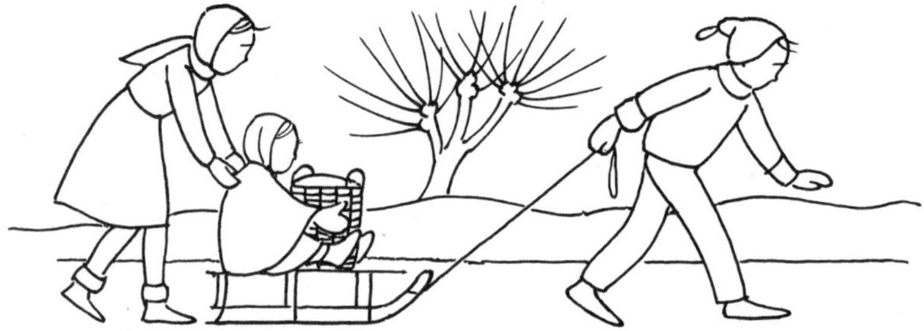

Endlich darf auch bei Lustigschöns der Schlitten aus dem Keller hervorgeholt werden. Wohin geht nun aber die Fahrt? Ihr werdet es erfahren. Wollt ihr auch wissen, wer der kleine Fahrgast ist? Es ist das Linchen von der Witwe Ehrsam. Das Linchen, das keinen Schlitten hat.

Du, auf dem Heimweg – ich freue mich schon –, da sausen wir dann zu dritt den Berg hinunter.

Rehe, Rehe! Wie hübsch, Bleistiftchen. Nicht wahr, die Lustigschönkinder haben ihnen Heu gebracht und sind deshalb in den Wald gegangen.
Falsch geraten! Der Forstgehilfe ist es, der den Rehen den Wintertisch deckt. Unsere Abenteurer im Wald belauschen sie jetzt bei ihrer Mahlzeit.
Bleistiftchen, Rehe sind liebe Tiere, stimmt's? Bitte, laß uns nun auch etwas bei ihnen bleiben. Zeigst du uns, wie wir sie auf einfache Weise zeichnen können?

Beginnt es mit dem Leib, dem schlanken,
Setzt dann den Hals daran, den ranken.
Habt ihr an diesen mit Bedacht
Das spitzte Köpfchen angebracht,
So werdet mit den Läufen, den behenden,
Ihr euer Werk zufrieden und voll Stolz beenden.

Nein, Bleistiftchen! Wir sind noch nicht zufrieden. Du hast noch allerhand vergessen, woran wir in deinem Vierbeiner erst das Reh erkennen können.
Ja natürlich, die beiden großen Lauscher, das Stummelschwänzchen über dem weißen Hinterteil, dem Spiegel, und endlich die dunklen Nüstern!
Daß du die spitzen Hufe im Schnee verbirgst, ist wohl ganz richtig. Aber die schnurgeraden Hinterläufe gefallen uns gar nicht.

Allerdings. Die Beine bewegen sich, genau wie eure Beine, in der Mitte mit einem Gelenk. Bei euch ist es das Kniegelenk, bei den Vierbeinern das Sprunggelenk. Schaut so:

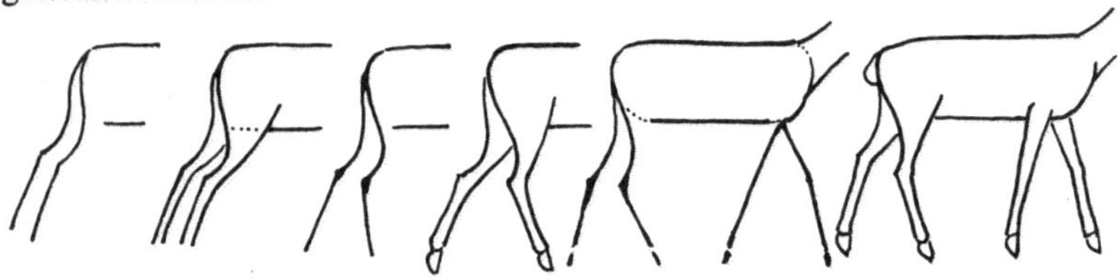

Pssst! Gerade erscheint ein kleines Reh dort drüben am Waldrand. Seid nur mäuschenstill, dann läßt es sich prima beobachten.

Und husch und weg!

Bleistiftchen, wir freuen uns, bald selber Rehe zu zeichnen. Einen Wald möchten wir zeichnen mit Rehen und anderen Tieren, die darin wohnen.
So ist's richtig, Kinder. Da sehe ich gerade eines eurer Tiere, das schleicht durch den Busch, trägt einen roten Rock mit einer weißen Weste, hat eine spitze Schnauze und einen langen buschigen Schwanz.

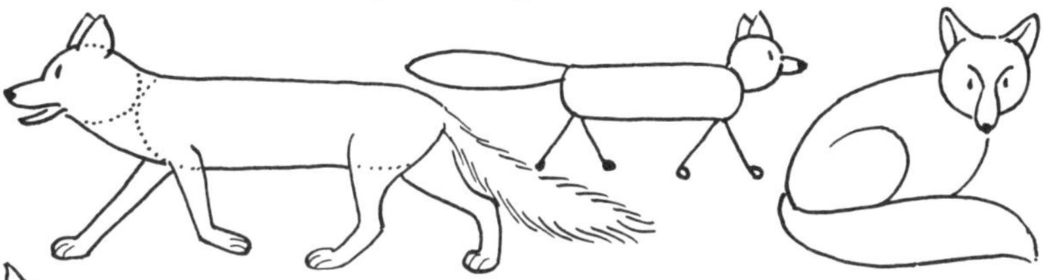

Und dort, wie zierlich schwingt sich ein anderes von Baum zu Baum, hat feine spitze Ohren und steuert seinen Sprung mit einem prächtigen langen Schwanz. –
Jetzt aber kommt eines in schnellen Sätzen vorübergehopst. Seine langen Löffel fliegen. Du Armer, ist der Hund des Jägers hinter dir her? Sei froh, daß du so lange Hinterläufe hast.

Mit einer Gurke fang ich an
Und setze vorn ein Ei daran,
Ein Röllchen geb ich hinten zu,
Zwei Löffel vorn in aller Ruh.
Vier Stöcklein füg ich unten bei,
Und eins, zwei, drei –
Läuft er schon weg
Und querfeldein,
Mein Has,
Hans Hurtig Hoppelbein.

Bleistiftchen, und jetzt haben wir den Schlitten aus den Augen verloren. Schnell, laufen wir. Immer den Waldweg entlang!

Ah, da sind sie schon. Bleistiftchen, darum sind sie in den Wald gegangen. Felix und Liese bringen ihrem Vater und seinen Arbeitern das Mittagessen. Singsing – singsing, singt die Waldsäge. Singt einem hundertjährigen Waldriesen das Grablied. In wenigen Minuten wird er krachend umstürzen.
Hei, wie das jetzt schmeckt! Eine dampfende Suppe,.dazu Speck und Bauernbrot. Alle haben Hunger, aber es ist genug da.

Kinder, nun guckt mal, was sich inzwischen in Lustigschöns Hausgarten zusammengefunden hat! Alles herbeigelockt durch köstliche Leckerbissen: Hanfsamen, Hirsekörner und Sonnenblumenkerne.
O Bleistiftchen, wie fröhlich! Wie sie hin- und herfliegen und flattern, hastig picken oder blitzschnell ein Körnchen erhaschen und sich wie kleine Diebe wieder davonmachen.

Bleistiftchen, bitte zeig uns jetzt noch – –! Gerade habe ich euch noch gezeigt, wie man einen Vogel zeichnet. Jetzt kommt ihr aber wieder dran. Inzwischen will ich mich etwas zur Ruhe legen.
Einverstanden, liebes Bleistiftchen. Wir wollen sehen, ob du mit uns zufrieden bist.

Bleistiftchen, was sagst du dazu?
Oh, das habt ihr wirklich gut gemacht. Lustig und voller Leben.

Also, da will ich meinen Winter noch mit einem kleinen Fastnachtsscherz zu Ende gehen lassen – und nun gähnt ihr. Laßt uns deshalb lieber schlafengehn. Morgen ist auch noch ein Tag.
Nein, nein, nein, Bleistiftchen! Wo denkst du hin? Wir sind gar nicht müde, wir sind so frisch wie immer.

So hört denn, hört, was einst geschah!
Wo war es nur? Ach ja, ich weiß: zu Jupheida.
Zu Jupheida, in eines Kellers finstrer Ecke,
Da standen sie: sechs Flaschen, Krüge, Töpfe.
Und schliefen, denn sie hatten nichts zu tun,
Als dazustehn, zu warten und sich auszuruhn.
Doch dann, als kommt die Fastenacht,
Da sind sie plötzlich aufgewacht,
Und einer spricht: Was stehen wir so still ergeben?
Kommt, laßt uns lustig sein und leben.
Auf, ihr Krüge und ihr Töpfe
Seid doch keine trüben Tröpfe!
Laßt uns tanzen, laßt uns tollen,
Laßt uns unsern Bauch, den vollen,
Schütteln, schaukeln, wiegen, drehn.
Und so ist's aufs Wort geschehn.
Denn nun hob es an zu schwirren
Und zu klappern und zu klirren,
Immer dreister, wie besessen,
Alle Sorgen sind vergessen. –
Ja, so geht es oft auf Erden,
Und was übrigbleibt – sind Scherben.

Bildergeschichten

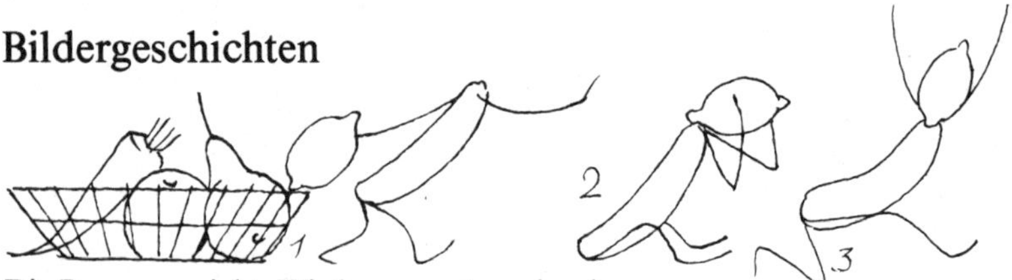

Die Banane spricht: Wie lange warten wir schon hier im dunklen Keller! Zitrone, komm endlich heraus! Da setz dich auf meinen langen Leib.

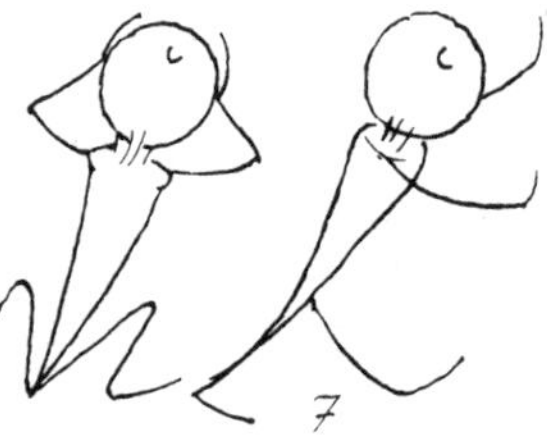

Die Rübe spricht: Auch ich bin es leid. Los Kamerad Apfel!

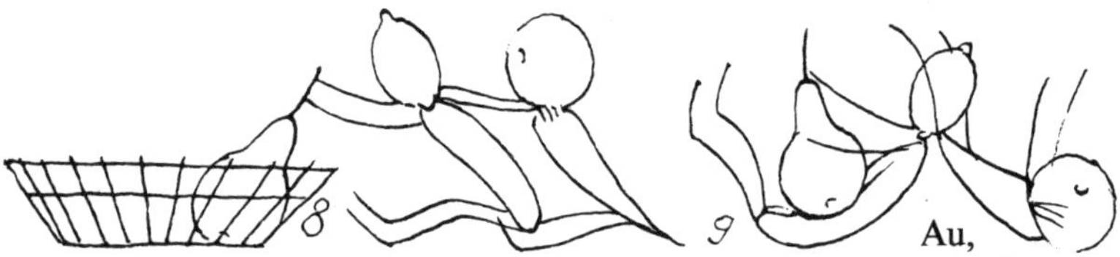

Au, mein Bauch!

Birne, du Faulpelz, heraus aus dem Haus!

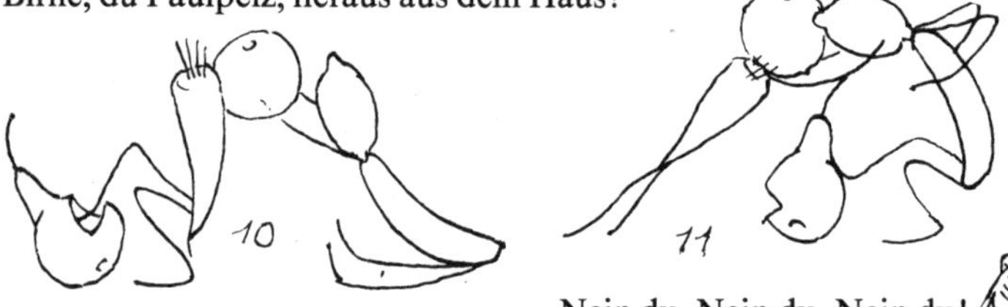

Du bist schuld.

Nein du. Nein du. Nein du!

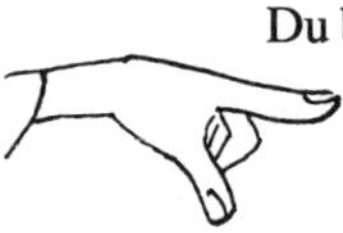

Was seh ich? Marsch, sofort wieder dorthin, wo ihr hingehört!

Und wenn ihr nicht schön und friedlich zusammen bleibt, werdet ihr alle miteinander aufgegessen. Alle, heute noch!

1
2
3
4
Nein, nein,
Regen, Regen, o wie fein!
5
6
7
8
9
du böser Wind! –
Was willst du mit mir?
10
11
12
13
14
Vati, Vati, siehst du mich nicht? Hier bin ich, hier oben.
Ja, fang mich auf, ich komme gleich!
Das ist noch einmal gut gegangen. – Und schon scheint
die Sonne wieder. Ende gut, alles gut.

1

2

3

4

5

6

7

8

Titi, du Wunderfritz,
Was fällt dir nur ein.
Willst du dir die Welt ansehen?
Du weißt ja noch gar nicht,
wie gefährlich das ist.

9

10

1
So fing es an: mit einem Streichholz und einem Häuflein Stroh.
2
Und schon brennt es lichterloh.
3
4
Feuer, Feuer! Helft und rettet!
5
6
7
Mit einem Streichholz hat es angefangen, und so hört es auf: mit Kummer und Elend.

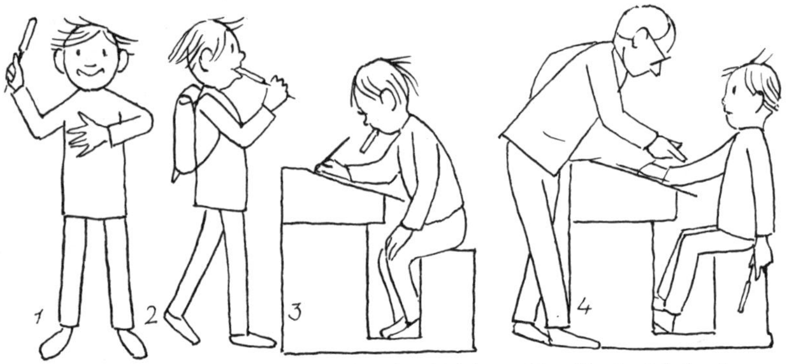

Zuckerstengel – Stengelschlecker! Lieber süßer Zuckerbäcker!

Zahnweh? O je, o je. Das wird immer schlimmer, da hilft kein Gewimmer.

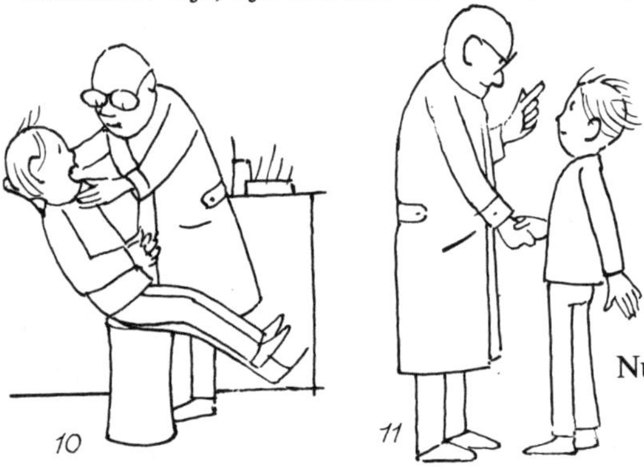

Nun merk dir's gut:

Zeig her, jaja, da ist er schon, der Bösewicht!

Äpfel sind gesünder und machen nicht die Zähne kaputt.

Lustige Zwerglein

Zum Zeichnen und Lachen

Neulich fand ich oben unterm Dach ein kleines Paket. ›Was mag da wohl drin sein‹, dachte ich. Also: Schnur auf, Papier weg, noch eine Schnur, noch ein Papier weg, eine dritte Schnur auf, ein drittes Papier weg, – eine Schachtel! Schnur auf, Deckel ab – eine Nebelkappe! – Ihr wißt nicht, was das ist, eine Nebelkappe? Nun, eine Kappe aus grauer Wolle, manchmal alt und schäbig. Aber es ist doch ein ganz seltenes, kostbares Ding.

Ziehst du sie übers linke Ohr, so hüllt sie dich in einen Nebel, und niemand kann dich sehen. Ziehst du sie dann über beide Ohren, so geht der Nebel weg, aber – oh Wunder! – du bleibst trotzdem unsichtbar.

Bei alledem darfst du keine Schuhe und Strümpfe anhaben, und es muß Nacht sein und heller Vollmond.

Also warte ich bis zum nächsten Vollmond. Sobald alles im Haus schläft, ziehe ich meine Nebelkappe über und laufe barfuß in den Wald hinaus. Ich bin so gespannt, was es da wohl zu sehen gibt. – Bestimmt unheimliche Dinge. – Oder vielleicht auch Zwerge. Sie kommen ja nur nachts aus ihren Schlupfwinkeln. So scheu sind sie.

Hören sie Schritte, husch sind sie weg.

Und was denkt ihr? – Ich habe wirklich die Zwerge gesehen. Mich konnten sie ja nicht sehen und nicht hören. Ich hatte ja die Nebelkappe auf. Ganz aus der Nähe habe ich ihrem Treiben zugeschaut. Viele von ihnen habe ich in diesem Buch für euch aufgezeichnet.

Zuerst kam ich zu den Schneckenhausmenschlein. Gleich am Waldrand begegnete ich einer ganzen Familie: Vater, Mutter und Kinder, alle mit zierlichen Schneckenhörnchen am Kopf. Aus Nußschalen machen sie sich allerlei Sachen: Badewannen, Bettchen, Wiegen und Wagen, in denen sie ihre Kinder spazierenfahren.

Nach wenigen Schritten kam ich ins Schneckenhausdorf. Dort stehen viele Schneckenhäuser, eng zusammengerückt. In jedem Haus wohnt ein Schnekkenhausmensch, allein, ein einziger in jedem Haus. Für zwei wäre dort auch gar nicht genug Platz. – Nur die Kinder dürfen natürlich zu ihren Müttern ins Haus schlüpfen.

Jetzt rollen fleißige Männchen Haselnüsse herbei. »Wir bringen Vorrat«, ruft eines, »damit wir im Winter keine Not leiden.« – »Paßt auf«, warnen sie plötzlich, »eine Nuß kommt ins Rollen! Vorsicht! Vorsicht!« – Einer steht im Weg und – autsch, da liegt er schon am Boden.

»Du brauchst gar nicht so zu schimpfen«, sagen die anderen. »Warum stehst du uns im Weg? Hilf uns lieber, die harte Schale dieser Nuß durchzusägen.« – Ritsch, ratsch, – fertig. – »Ein feiner Milchtopf«, lacht die Schneckenhausfrau.

Die letzten haben keine Nüsse mehr gefunden. Sie kommen mit leeren Händen aus dem Wald zurück. »Laßt uns einen neuen Platz für unser Dorf suchen«, sagen alle. Schnell werden die Schnecken gerufen, damit sie die Wohnungen tragen. – Mit Haus und Kind und Sack und Pack machen sie sich auf den Weg. Ein langer Zug von Schneckentieren trägt das ganze Dorf davon.

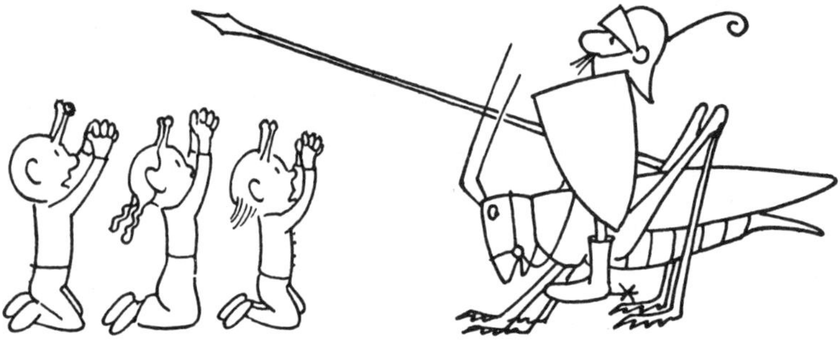

Als das Schneckenhausvolk dahinzog, stellte sich ihnen plötzlich ein grimmiger Geselle in den Weg. »Hallo, – halt!« ruft er, »keinen Schritt weiter! Ich bin der Graf von Heuschreck. Mir gehört der Wald.« Und er droht mit einem langen Spieß.
Die guten Schneckenmenschen bitten ihn, sie vorbeizulassen. Einen – zwei – drei Haselnußkerne bieten sie dem schlimmen Ritter.

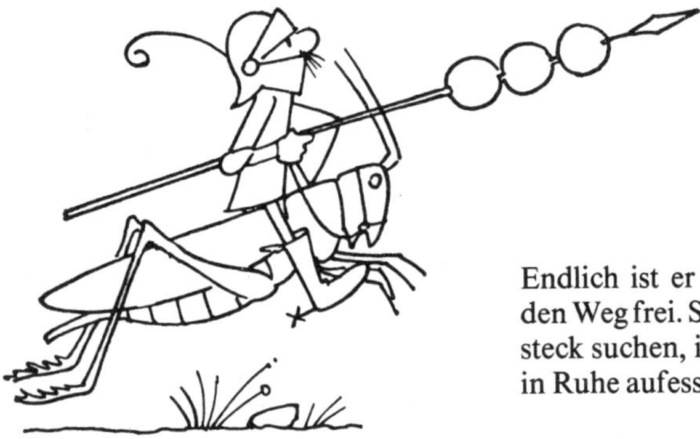

Endlich ist er zufrieden und gibt den Weg frei. Sicher will er ein Versteck suchen, in dem er die Nüsse in Ruhe aufessen kann.

Hui, was guckt denn da aus dem Erdloch hervor? – Ein struppiger Wicht! – Puhu, das ist das Waldteufelchen. Es hat wohl etwas gehört, und schon kommt es neugierig herangeschlichen.

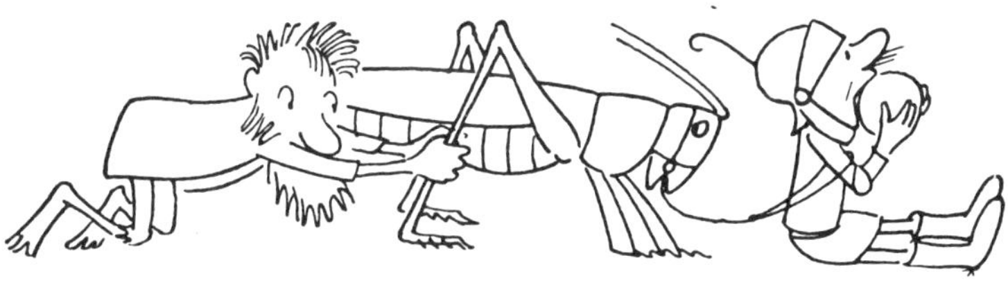

Schinkenbein schmeckt ihm besser als Haselnuß.

»Hallo, was gibt's da? Warum hast du meinem Pferd ein Bein ausgerissen, hä? Das mußt du büßen.«

Es beginnt ein Zweikampf auf Leben und Tod.

Und ein Geschrei, daß man es drei Schritte weiter noch hören kann.

Mittlerweile hat sich die Nachteule herangeschlichen, hat das Pferd und auch die süßen Kerne aufgefressen, beides, Fleisch und Gemüse.

»Hi, hi, wenn zwei sich streiten, freut sich der Dritte!« kichert's aus dem Hintergrund. Verwundert schauen sie sich um, die beiden Raufbolde. Der so gesprochen hat, heißt Tümmel und ist ein lustiges Kerlchen, ein Spaßmacher unter den Zwergen. Er treibt sich im Wald herum und ist überall dabei.

»Hi, hi, wie gewonnen, so zerronnen«, kichert er. Gute Nacht, meine Herren.

Nachher kam ich an eine Waldwiese. Sieh, dort! Welch wunderschöne Geschöpfe. Ihre Kleider von feinster Blumenseide schillern im Mondlicht.

Zartes Geigen- und Flötenspiel klingt an mein Ohr. Blumenkinder drehen sich im Tanze.

Wehe, wenn es Winter wird. Dann fängt ihr Leid an. Sie wickeln sich in dürre Buchenblätter, nehmen den Bettelsack und ziehen von Haus zu Haus. Ach, fänden sie keine guten Herzen, sie müßten elend zugrunde gehen. »Wer im Sommer nicht für Vorrat sorgt, muß im Winter Hunger leiden«, spricht Tümmel.

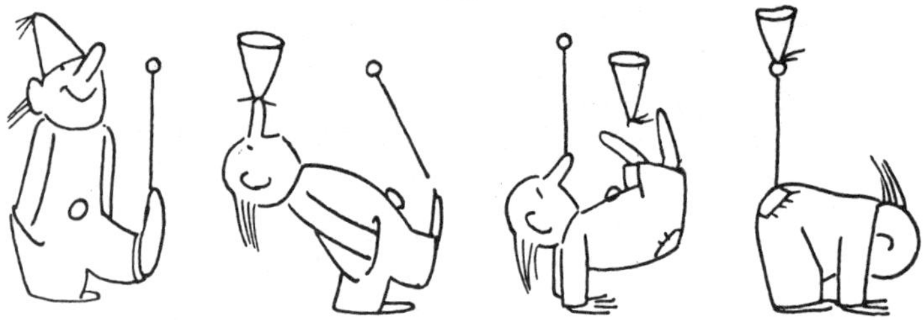

Oh, dieser Tümmel! Steht er dort nicht schon wieder? Er macht Kunststücke. Ganz für sich. Zu seinem eigenen Vergnügen.

Tippel, sein Freund, erscheint. Im günstigsten Augenblick ist er zur Stelle. Patsch! – »Guten Tag, Tümmel«, sagt er. »Es ist doch Nacht, nicht Tag«, entgegnete Tümmel. Also: gute Nacht, Tümmel. Gute Nacht, Tippel.

Tümmel sagt: »Was sehe ich? Ein Licht! Der Nachtwächter! Verstecken wir uns, aber schnell. Dem wollen wir einmal einen Schrecken einjagen. Prr, du auf den Baum, ich unter den Baum.«

Der Nachtwächter singt: »Hört ihr Herrn und laßt euch sagen, unsre Glock hat zwei geschlagen.« – »Drei geschlagen«, singt's aus der Höhe. »Vier geschlagen«, brummt's aus der Tiefe. Der Nachtwächter steht still und spitzt die Ohren. Nochmals singt er so laut er kann: »Zwei geschlagen!« – Drei geschlagen! Vier geschlagen! »Wer will es da besser wissen, als ich? Welcher Dummkopf, hä?« ruft der gute Mann zornig.

Wer hat mich denn da ins Bein gestochen? Au weh! Wer haut mich auf den Kopf? Au, au! Armer . . .

Geplagter Nachtwächter, lauf, hol deine Freunde!

Seht, da kommen sie schon anmarschiert. Hinter dem Nachtwächter der Packan, dann der Hebefest, dann der Haudrauf. Und alle voll Mut und Tatenlust.

Das habt ihr euch so gedacht. Es ist schon längst keiner mehr da.

Froh, daß alles so gut abgelaufen ist, nehmen sie einen kräftigen Schluck aus der Feldflasche.
Und mutig sind sie wieder abgezogen.

Psst! Winzige Lichter blinken durchs Heidelbeerkraut. Und von dort her singt's und summt's. Hab ich mir's doch gedacht. Das Heidelbeervölklein. Kleine Zwerge mit Köpfen so groß und – wie lustig – rund und blau wie Heidelbeeren.

Die Beerenernte ist glücklich unter Dach und Fach, ein süßer Saft gepreßt und aller Wintervorrat getrocknet. Und jetzt geht's lustig und hoch her mit Essen und Trinken und Heidideldum.

Aus einem kleinen Henkelkrug fließt köstlicher Beerensaft. In Eichelschalen wird er ausgeschenkt und Wecken gibt's dazu aus Beerenmehl. Sieh dort, auch die Grünköpfe, die Heidelbeerkinder haben ihren Spaß.

Noch lange hätte ich zugesehen, doch auf einmal kratzt's mich ganz erbärmlich am Fuß. Erschreckt bücke ich mich hinunter. Ha, was glaubt ihr, was ich entdecke?

Das Kratzbürstenmännchen. Den Striegel nennen sie ihn bei den Zwergen. Er ist über und über mit stacheligen Bürstenhaaren bedeckt! Dabei ein nützlicher Bursche, sage ich euch. Denn hört nur: Ist irgendwo im Lande ein Junge, der Wasser und Seife, Kamm und Bürste nicht leiden kann, da braucht die Mutter bloß den Striegel zu rufen. Husch ist er zur Stelle. Und kratzt und schrubbt an Rücken und Ohren, hinten und vorn, es hilft kein Schreien. – Etwas feiner ist Striegels Frau. Doch auch noch kratzig genug. Genau richtig für schmutzige Mädchen. – Und das Striegelhündchen hilft mit, wo es nötig ist.

Husch, sausen alle drei davon. Hat man sie irgendwo gerufen?

Danach verließ ich diesen Ort und ging noch tiefer in den Wald hinein. Leuchtend rote, gelbe und weiße Pilze bedeckten jetzt die feuchte Erde.

Sst: Heimliches Getuschel und Geflüster ringsherum. Und bewegen sich die Pilzhüte nicht von der Stelle, als ob sie spazieren gingen? Vorsichtig lege ich mich hin. Oh Wunder! Die seltsamsten Geschöpfe gehen unter den breiten Hüten hin und her. Begegnen sie einander, dann stecken sie ihre Hüte zusammen und tuscheln sich heimliche Worte zu.

Dort steht eine Gruppe mächtiger Pilze beisammen. Ah, das Königsschloß! Feinstes Spinngewebe umgibt es. Eintritt streng verboten! Ein Kriegsmann steht davor. Der mutigste Mann im ganzen Land.

Aber Frösche
mag er nicht leiden!

Ich gelangte in ein tiefes Felsental. Da müssen die Wichtelmänner hausen, denkt ihr. Gut geraten. Ich war noch nicht lange gegangen, da rief eine helle Stimme: »Guten Morgen, Steckenreiter.« Eine zweite: »Grüß Gott, Wildheuer.« Eine dritte: »Guten Tag, Nüsseknacker.« Eine vierte: »Grüß Gott, Quacksalber. Es ist bald Essenszeit. Laßt uns zur großen Höhle gehen.«

Danach trappelten die vier drolligen Weißbärte einer Höhle zu. Ich aber huschte hinterher.

Und schon stand ich in der Zwergenküche. »Die Kräutersuppe ist gar«, sprach eben der Koch. »Brote und Kuchen sind braun«, rief der Bäcker.

»Käuzlein«, sagt der Küchenmeister,« rufe die Zwerge«. Dreimal ruft es mit lauter Stimme: »Schuhu, schuhu, alle Zwerge herzu.« Da tippelt's von überall her, aus dem Wald und aus der Tiefe der Höhle, dem Innern des Berges.

Dort schüttelt sich einer den Staub aus dem Bart, wischt sich einer den Schweiß von der Stirn, bläst ein vierter seine Laterne aus, versorgt ein fünfter seine Arbeitsschürze, der sechste zieht die schweren Stiefel aus, und alle waschen und kämmen sich.

Nachdem die hungrige Gesellschaft gegessen und getrunken hat, beginnt fröhliches Geplauder.

Auf einmal wird's still. Ein uralter Zwerg fängt an zu erzählen: »Es war in alter Zeit, da gingen wir jede Nacht hinaus und halfen den Menschen im Dorf und in der Stadt. Ehe die Faulpelze erwachten, war ihre Arbeit getan. Was aber war ihr Dank? Erbsen streuten sie heimlich. Als wir wiederkamen, rutschten wir aus und schlugen uns blutig auf Treppen und Böden.«
Schuhu, schuhu, schallt es jetzt. Schuhu, schuhu! alle zur Ruh. Schluß gemacht, der Tag erwacht.

Stellt euch meinen Schrecken vor. Nebelkappen nützen ja nur, solange es Nacht ist. Zum Glück gelangte ich noch rechtzeitig hinaus aus der Zwergenhöhle. Eben begann der Morgen zu dämmern. Als ich durch den Wald nach Hause lief, war all der Märchenspuk weg und verschwunden. – –

Wo meine Nebelkappe jetzt ist? O je, o je! Die hab ich am Morgen in die Sonne gelegt, tropfnaß vom Tau wie sie war. Da kam ein Rabe geflogen und hat sie fortgetragen. Fort sag ich euch, auf Nimmerwiedersehen!

Oder war's eine Fledermaus? Kurz und gut, mein Spaß ist aus!

Unser Angesicht

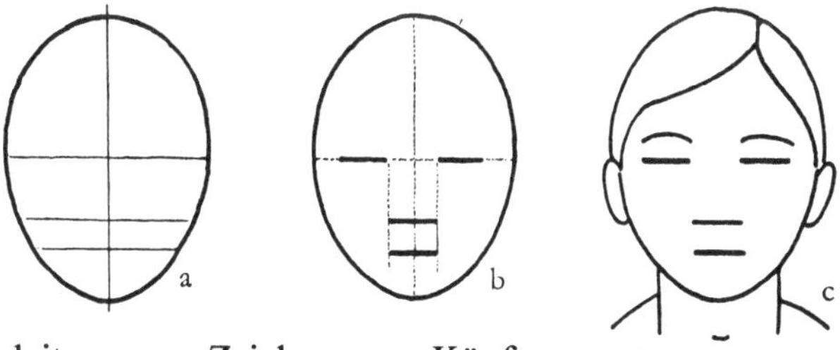

Eine Anleitung zum Zeichnen von Köpfen

Also Köpfe zeichnen wollt ihr? Dann los! Wer will unser Modell sein? Peter, komm du her und zeig uns deinen Kopf, so wohlgeformt wie ein Ei. Jawohl, ihr braucht gar nicht zu lachen. Ein riesengroßes Hühnerei.
Zeichnen wir als erstes dieses hübsche Eirund. Das ist ein guter Anfang: erst das Große, die Kopfform, dann das Kleine, Augen, Nase, Mund und Ohren. – Gleich frisch ans Werk.
Doch lassen wir uns die Lust durch ein paar Hilfslinien als Vorarbeit nicht nehmen. Gut Ding will Weile haben, heißt ein kluger, alter Spruch.
Zunächst die *Vorarbeit* (a). Die Mittelachse gibt die Augenlinie an, in der Mitte zwischen Scheitel und Kinn, nicht höher! – Die Nasenlinie liegt in der Mitte der unteren Hälfte oder nur wenig höher. – Die Mundlinie liegt wieder in der Mitte oder etwas höher. Auf diesen Hilfslinien liegen also die entsprechenden Gesichtsteile. Wir versuchen, sie richtig einzuzeichnen, und zwar vorerst als einfache Striche:
(b) *Die Augen!* Wer beobachtet richtig? – Der Abstand von einem inneren Augenwinkel zum anderen ist gleich der Augenbreite. Drei gleiche Längen also. Der Abstand vom äußeren Augenwinkel bis zum Rand unserer Eiform ist nur etwa halb so breit wie ein Auge, also scheinbar recht kurz, verkürzt infolge der Rundung des Kopfes.
Die Nase! – Sie ist so breit wie der Augenabstand. Und zwar an ihrem unteren Ende, wo sie sich als eine deutliche Linie festhalten läßt.
Der Mund! – So breit, vielleicht auch etwas breiter als die Nase. – Ja, ja, ihr jungen Künstler, so geht es Schritt für Schritt dem Ende zu.
Halt, fast hätten wir *die Ohren* vergessen. – Auf jeder Seite eins, zwischen Augen- und Nasenlinie, zunächst als einfache Umrißform.
(c) Noch *die Augenbrauen*, zwei einfache Bogen, die Haargrenze und, wenn ihr wollt, auch Hals und Schultern. Den Hals nicht zu dünn, die Schultern aber *hinter* der Halslinie und leicht abfallend. So einfach wie das aussieht, und doch ist es schon ein richtig gezeichneter Kopf! Wer kann ihn noch einmal, und zwar auswendig, zeichnen?

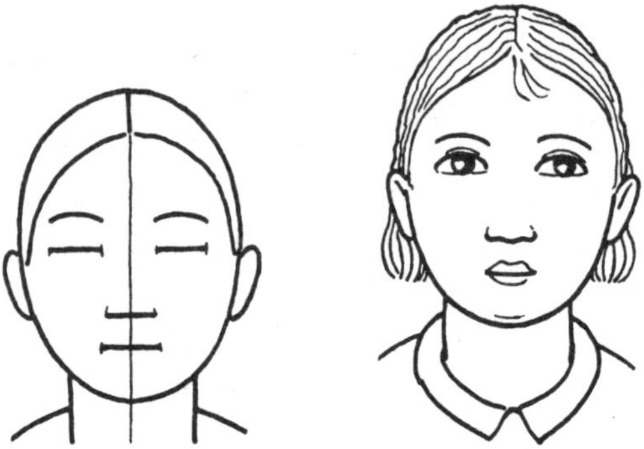

Diesmal will Susi unser Modell sein. Susis Gesicht ist etwas rundlicher. Trotzdem trifft das, was wir festgestellt haben, auf alle Gesichter zu. Also ans Werk: erst ein schönes, regelmäßiges Oval, dann die notwendigen Hilfslinien und schließlich die Gesichtsteile in einfachen Strichen.

Die Augen! – Sie sind begrenzt von den Lidern: zwei Bogen, den unteren flach, den oberen runder und von einem zweiten Bogen begleitet. Dann die Kreislinie der Iris. Deren unterer Rand berührt das untere Lid, der obere aber wird vom oberen Lid verdeckt. Schließlich noch ein innerer Kreis, die Pupille. – Unser Auge ist ein Spiegel, in dem sich die Welt spiegelt, und vor allem das Licht, das dort hineinfällt. Als heller Fleck, als Glanzlicht, leuchtet es im lebendigen Auge.

Die Nase! – Zwischen den Augen befindet sich die Nasenwurzel, dann kommt der Nasenrücken und am unteren Ende die Nasenspitze mit den beiden -flügeln. Von alldem zeichne ich nur, was als deutliche Begrenzung sichtbar ist.

Der Mund! – Die Mundöffnung ist eine leicht geschwungene Linie. Die Lippen als flache Bogen von einem Mundwinkel zum anderen. Die Oberlippe hat in der Mitte ein Grübchen.

Die Ohren! – Verzwickte Gebilde sind diese Ohrmuscheln! Doch so verkürzt gesehen, können wir nur den Rand der Ohrmuschel wahrnehmen.

Jetzt zurück zu unserem Entwurf: Zeichnet all das sorgfältig ein!

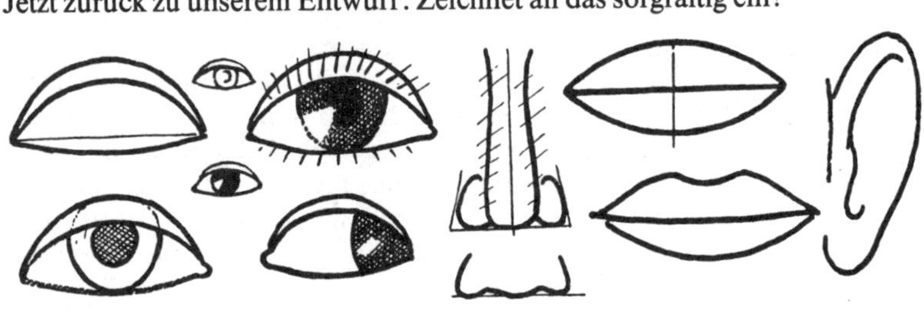

Kribbelt's euch nicht in den Fingern? – Dann setzt euch vor den Spiegel und zeichnet euer Selbstbildnis. Ihr habt dann ein geduldiges Modell vor euch und könnt jede Form genau und mit Muße studieren.
Ausgezeichnet. Das sind ja schon Proben eurer Kunst. Laßt sehen!

1. Anneli Merki mit ihrem fast kugelrunden Köpfchen. Wie hübsch der Kragen um den Hals gelegt ist! Das gelingt nur, wenn die Schulterlinie richtig hinter der Halslinie angesetzt wurde.
2. Otto Frisch, ein fröhlicher Wuschelkopf. Locken zu zeichnen ist nicht leicht. Wer es schon probiert hat, weiß es.
3. Lisi Fröhlich hat ihr Brüderchen gezeichnet. Es wollte zwar nicht stillsitzen, aber trotzdem ist Lisi das drollige Stubsnäschen gut gelungen.
4. Ernst Kummers Vater. Die Haare hätten ihm kein Kopfzerbrechen gemacht, meint Ernst.
5. Mama Weideli. Beachtet das Doppelkinn. Durch eine leichte, verlaufende Linie ist es angedeutet.
6. Und so sah sich August Muggli in seinem Spiegel. Dieser sei schuld, behauptet er. Nun, es gibt ja wirklich solche schlechten Spiegel.

Man nennt unser Gesicht den Spiegel der Seele. Aus gutem Grund: Hast du gute oder schlechte Laune, bist du böse oder hast du ein schlechtes Gewissen, so lesen wir es aus deinem Gesicht. Vor allen Dingen ist es das Spiel der Augen und des Mundes, das dich verrät. – Sieh zu, wie wir dieses Mienenspiel in der Zeichnung festhalten.

Oben: Frohsinn und Lachen. Der Mund verzieht sich, die Mundwinkel gehen nach oben, in den Wangen bilden sich Lachfalten.

Mitte: Traurigkeit. Die Mundwinkel sind gesenkt, über die Augen die Vorhänge gezogen.

Unten: Was lest ihr aus diesen Mienen? Zorn: Brauen zusammengezogen, Zornfalte auf der Stirn. Erstaunen: Augen aufgerissen. Scharfes Nachdenken: der Mund ist zusammengezogen, ebenso die Augenbrauen. – Doch das Spiel ist ohne Ende. Wer versucht, ein weiteres Beispiel zu finden?

Hier seht ihr Studienköpfe aus meinem Skizzenbuch. Beachtet gut: Jede Linie hat ihre Bedeutung. Wäre eine nebensächlich, hätte ich sie weggelassen. Warum z. B. ist bei einzelnen Köpfen der Nasenrücken gezeichnet, d. h. durch zwei Linien begrenzt? Weil damit eine kantige Nase angedeutet wird. Warum sind bei der alten Bäuerin so viel mehr Linien nötig als beim jugendlichen Gesicht? Überlege es dir. Willst du den einen oder den anderen Kopf mit Bleistift zeichnen, dann denke über die Antworten dieser Fragen immer genau nach.

Eine Handvoll humoristischer Zeichnungen. Manchmal, wie du siehst, genügen wenige Striche und Punkte, um einen besonderen Menschentyp oder einen bestimmten Gesichtsausdruck nicht bloß festzuhalten, sondern in harmloser Übertreibung über ein normales Maß hinauszuheben. Doch bedenke, daß die wenigen Andeutungen mit Überlegung ausgewählt sind, und vor allem jede Linie sitzen muß.

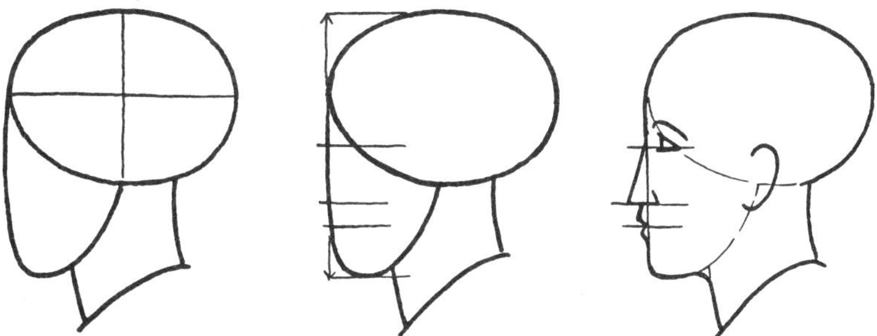

Wieder zurück zu unseren eigenen Modellen. – Hans, komm du her. Dreh dich so, daß wir dich von der Seite sehen. – So ist's gut.
Drei Hauptteile lassen sich in der Seitenansicht unterscheiden: der Schädel, das Gesicht, der Hals. Der Schädel in der Form eines liegenden Ovals, die Gesichtslinie *im rechten Winkel dazu,* von der Stirn bis zum Kinn und dann zurück bis zum Ohr, also ungefähr der Mitte des Schädelovals. Der Hals, begrenzt von der Nackenlinie, die unter dem Hinterkopf ansetzt und, parallel mit ihr, die vordere Halslinie. Beide Linien laufen in leichter Biegung etwas nach hinten und bis zur Schulterlinie.
Als zweites wieder die Augen-, Nasen-, und Mundlinie (s. S. 65). Und erst wenn all dies klappt, die Einzelformen des Gesichts.
Das Auge. In seiner seitlichen Verkürzung sieht es nun ganz anders aus. Die Lider öffnen sich in spitzem Winkel, und darin erscheint die Wölbung des Augapfels. Die Rundung der Iris aber wird zur schmalen Ellipse. Über dem Auge noch der Bogen der Braue, in der Verkürzung steil abfallend gegen die Nasenwurzel.
Die Nase. Achtet zuvor auf die Form ihres Rückens und ihrer Spitze und darauf, wie die Umrißlinie von der Spitze bis zur Umbiegung in die Oberlippe leicht fällt und wie sich der Nasenflügel von ihr ablöst.
Der Mund. Wie die Nase, so tritt auch der Mund ganz deutlich, besonders mit der Oberlippe, aus der Gesichtslinie heraus.

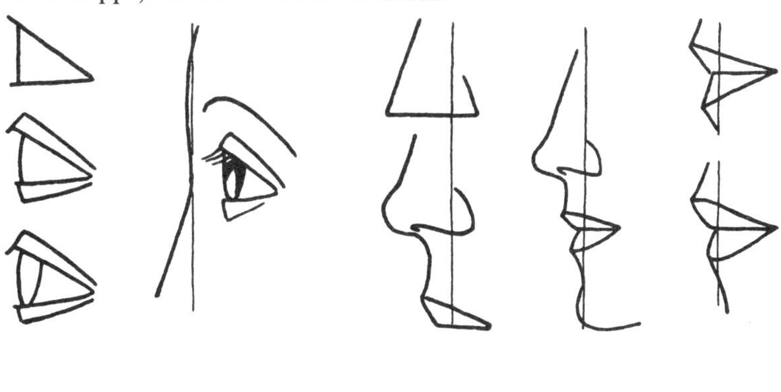

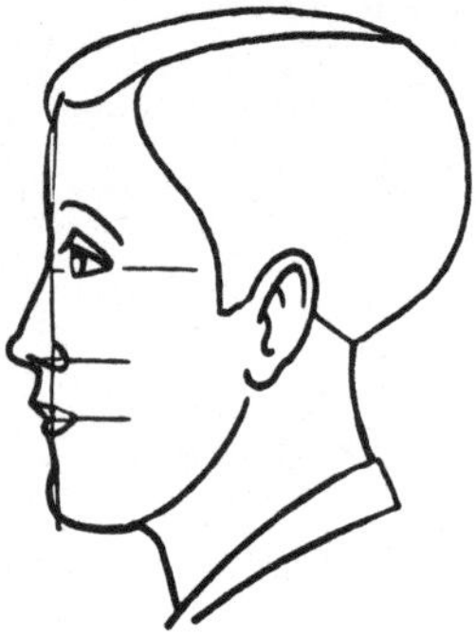

Als Zusammenfassung zeichne ich euch jetzt den ganzen Kopf: erst die Kopfform – in der Mitte der ganzen Kopflänge die Augenlinie – etwas über der Mitte der unteren Hälfte die Nasenlinie – im oberen Drittel des verbleibenden Stückes die Mundlinie. Jetzt die Gesichtsteile. Dabei dient mir die senkrechte Gesichtslinie als Richtschnur. Beachtet, wo sie mit dem Profil zusammenfällt (Nasenwurzel, Kinn), wo dieses über sie hinaustritt usw. Und jetzt soll jeder versuchen, auswendig einen Kopf zu zeichnen.

Nicht überall ist es im ersten Anlauf ein Meisterstück geworden. Laßt uns einige Arbeiten zeigen, damit wir aus ihren Fehlern lernen.

1. Beispiel: Das Auge zu weit hinter und zu weit über der Nasenwurzel, auch sonst flüchtig gezeichnet. Die Oberlippe hinter statt vor der Gesichtslinie angesetzt. Der Mund zu tief angesetzt. Die Halslinie einwärts gebogen, statt gleichlaufend wie die Nackenlinie. Das Ohr zu tief, statt auf gleicher Höhe mit der Nase; außerdem zu klein. Das Ohr bleibt immer ein kompliziertes Gebilde. Schaut noch einmal, wie ich es nach Möglichkeit vereinfache. – Das sind nun die wesentlichsten Fehler. Bei genauem Vergleichen findet ihr noch andere.

2. Beispiel: Weniger oberflächlich als das erste. Der Hals ist falsch angesetzt. Das entstellt den ganzen Kopf. Beachtet meine Korrektur. Auch auf die Haargrenze solltet ihr achten, außerdem der Linienführung der Haare mehr Sorgfalt widmen. Heu und Haar sind zwei verschiedene Dinge. Das muß auch in der Zeichnung zum Ausdruck kommen, nicht wahr?

Versucht es noch einmal. Diesmal langsam und sorgfältig. Was durch Fleiß und Ausdauer erst errungen werden muß, ist um so wertvoller.

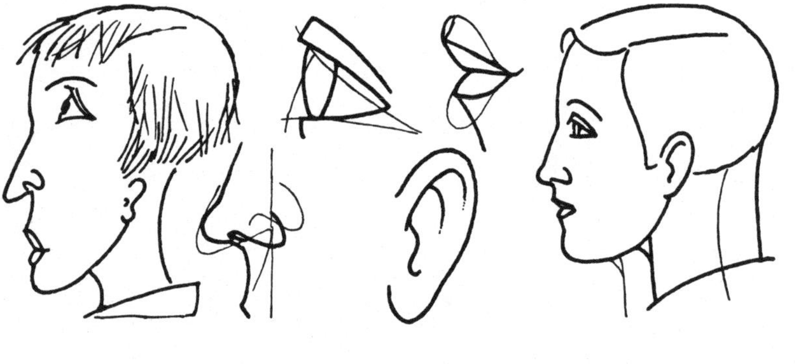

Nun möchtet ihr Erwachsene zeichnen. Das ist vielleicht leichter, meint ihr. – Also laßt uns gleich die drei Lebensalter einander gegenüberstellen und dabei die unterscheidenden Merkmale hervorheben.
Beim kleinen Kind sind die Formen rund. Schon die Kopfform für sich zeigt als Besonderheit die runde Backenlinie. Ein Merkmal, ganz besonders typisch, ist das kurze, aufgeworfene Näschen.
Kantig und bestimmt ist das Profil des Mannes, kräftig der Hals. Zart dagegen das der Frau und schlank der Hals.
Beim Greis sind die Formen eingefallen. Die Haut ist schlaff und von Falten durchzogen. Müde sinkt der Kopf zwischen die Schultern.

Silhouetten! Köpfe als Schattenbilder geschnitten. Entwirf die Zeichnung auf schwarzem Papier und schneide sie mit einer spitzen Schere aus. Ohr und Auge, die uns so viel Mühe machen, brauchen wir diesmal nicht. Um so besser passen wir bei der Umrißlinie auf, denn sie ist es allein, die in der Silhouette in Erscheinung tritt. Lerne aus meinen Beispielen,

wie alles Unklare oder Verschwommene vermieden, wie durch vielfältige Beigaben und Einfälle die Silhouette bereichert, oder wie etwa durch die vorstehenden Wimpernhaare das Auge angedeutet wird. – Unsere Schattenbilder kleben wir auf ein sauberes, weißes Papier, die durch das Zeichnen verkritzelte Seite drehen wir dabei nach unten.

Ernste und heitere Gesichter. – Jedes Antlitz ist anders geartet, und endlos ist ihre Zahl. In der Profilansicht sind es die unterschiedlich geformten Nasen, die uns zuerst ins Auge fallen. Verwende auch diese Zeichnungen zu Scherenschnitten. Probiere deinen Vater beim Lesen, deine Mutter bei ihrer Näharbeit, die Großmutter in ihrem Lehnstuhl, etwa beim Mittagsschläfchen, zu zeichnen. Dabei übst du dich im scharfen Beobachten.

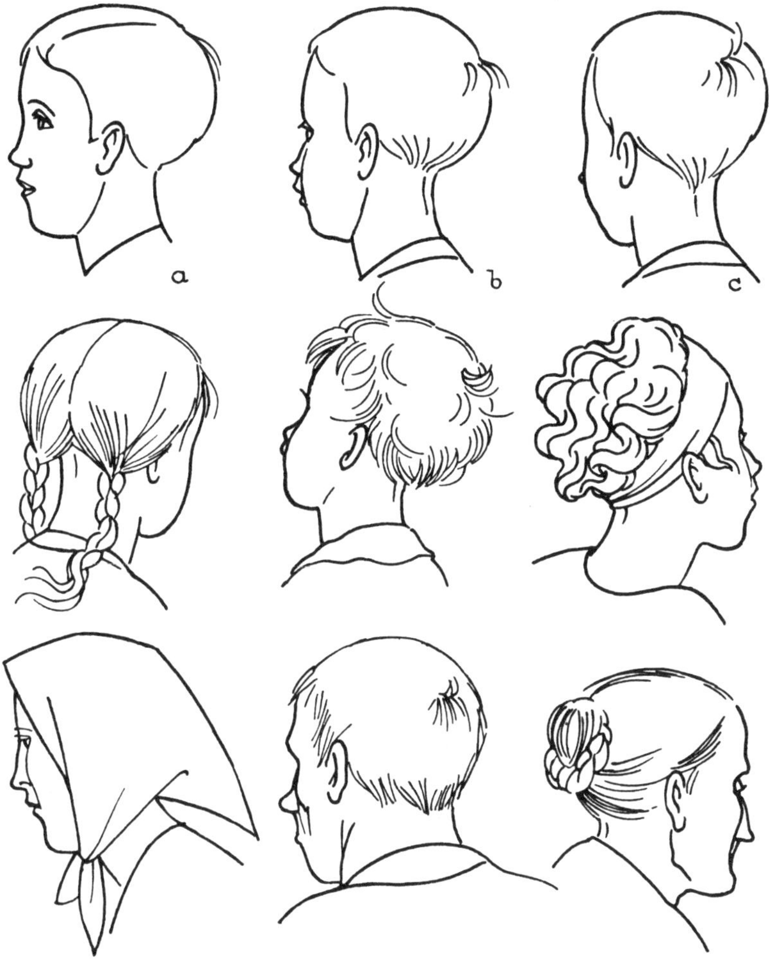

Willi, stell du dich vor. In seitlicher Ansicht (a). Jetzt gut aufgepaßt! Willi dreht nun vorsichtig sein Profil von euch weg. Was beobachtet ihr? – Auge, Mund und Nase entschwinden allmählich eurem Blick (b). Erst das Auge – dann die Unterlippe – jetzt die Oberlippe – zuletzt die Nase. Das Profil wird von der Wangenlinie erst fast unmerklich (b), dann immer deutlicher (c) überschnitten. In gleichem Maße wandert das Ohr nach vorn. Man nennt ein derart abgedrehtes Profil ein *verlorenes Profil.*

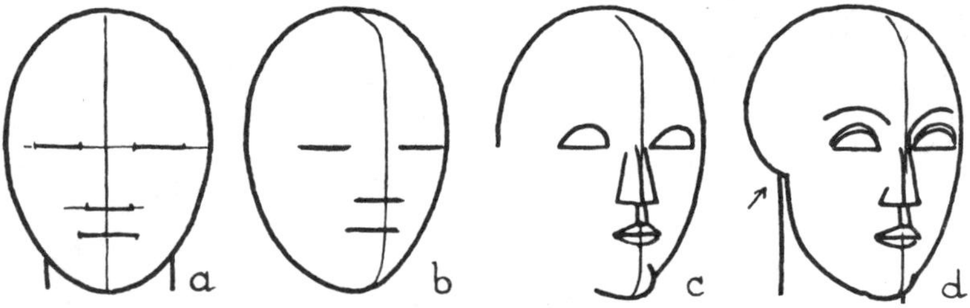

Unser letztes Kapitel! Köpfe halb von der Seite, halb von vorn, in sogenannter Dreiviertelansicht. Wer wagt noch mitzumachen?

Nochmals zurück bis an den Anfang (a). Jetzt drehen wir unser Modell um eine Achteldrehung. Die Gesichtslinie, jene Hilfslinie, die wir uns durch die Mitte des Gesichtes gezogen vorstellen, verschiebt sich dementsprechend (b). Mit ihr gleichzeitig die Augen samt den Brauen, Nase und Mund, die wir zunächst in ihrer neuen Lage als Linien festlegen.

Die Nase springt über die Gesichtlinie vor, ebenso die Mundpartie und das Kinn. Wir zeichnen die Teile zuerst in grober Form, wie aus Holz geschnitzt (c). Der Bogen der Augenlider muß sich eine kleine Verschiebung gefallen lassen (g).

Während die eine Gesichtshälfte teilweise unserem Blick entzogen ist (Ohr, Nasenflügel, Schläfe), ist die andere um so mehr in unser Blickfeld gerückt. Was wir beim Zeichnen seitlicher Köpfe schon darstellten (S. 71), erscheint, wenn auch nahe zusammengeschoben, auf der Bildfläche (d).

An der Berührungsstelle von Kinnlade und Schädel sitzt das Ohr. Nachdem wir auch die Haargrenze festgestellt haben (e), geben wir unserer grobgeschnitzten Form noch den letzten Schliff, bilden sie nach dem Vorbild unseres Modells sorgfältig durch, um sie zu guter Letzt durch die feinen, spitz auslaufenden Linien der Haare zu vervollständigen (f).

Die letzte Figur zeigt euch das gleiche in vereinfachter Form.

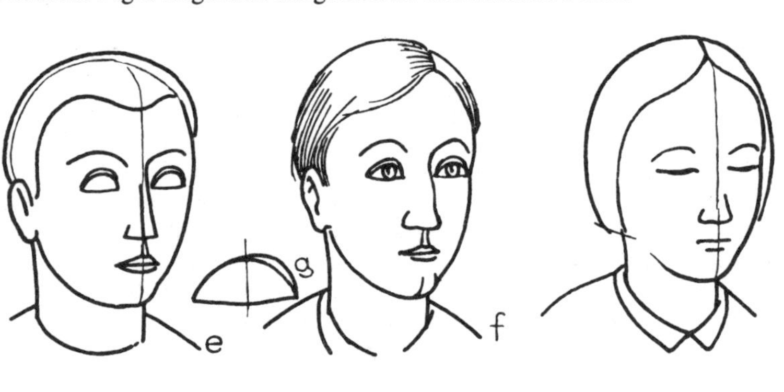

Auf dieser Seite noch Beispiele gehobener und gesenkter Köpfe. Das eine Mal rückt die Schädeldecke stärker ins Blickfeld, während sich das Gesicht abwärts verschiebt. Das andere Mal blicken wir unter das Kinn, während die Schädeldecke unserem Auge entschwindet. So oder so erscheint der Abstand zwischen Mund und Auge verkürzt. – Die oberste Reihe zeigt dir nochmals Entwürfe. Sie bilden die Vorarbeit zu den Zeichnungen der zweiten Reihe.

Zum Schluß eine Auslese aus meinem eigenen Skizzenbuch. Überwiegend keine Porträt-, sondern sogenannte Idealköpfe, die ihr, so wie ich euch kenne, besonders gern zeichnet. – Damit aber, meine getreuen und fleißigen Kunstschüler, will ich mich verabschieden.

Wir jungen Sportsleute

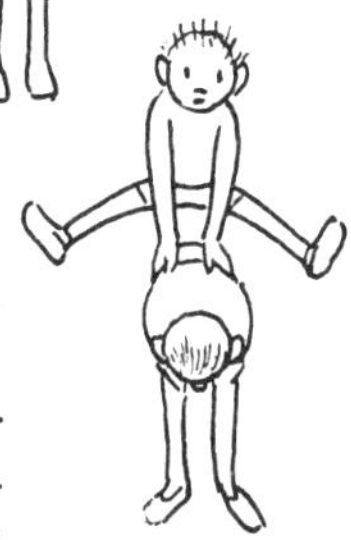

Figuren zeichnen

Also aus eurem Sportleben wollt ihr etwas zeichnen? Von sonnigen Skitagen, von Bergbesteigungen in den Sommerferien, vom Baden in Fluß und See. Als Nachgenuß sozusagen. – Jawohl, ich bin dabei. Sport stärkt den Körper, hält ihn geschmeidig, gibt frohen Mut und Selbstvertrauen. – Was klagt ihr da? Ihr könntet keine Menschen zeichnen? Ist das so schwer? Habt ihr's überhaupt probiert? Ein zweites, ein drittes Mal? Aha! Gelingt euch denn ein flotter Kopfsprung gleich beim ersten Mal? – Auch diesmal, meine Sportsfreunde, ein wenig Übung, ein bißchen Geduld, und es wird gehen.

Die oberen beiden Reihen hier und auf der nächsten Seite zeigen, wie wir zunächst unsere Figuren aufbauen. Jeweils die erste ist eine sogenannte Gelenkfigur. Die schwarzen Punkte legen unsere Gelenke fest. Betrachten wir zuerst die obersten Beispiele, die beiden aufrecht stehenden Figuren, hier von vorn und dort von hinten gesehen. Nennen wir nun die Gelenke bei ihren Namen! Längs der Mittelachse (Wirbelsäule) die Halswirbel und die Kreuzwirbel. Oben – einander gegenüber – die Schultergelenke, an den Armen das Ellbogen- und Handgelenk, an den Beinen das Knie- und Fußgelenk. – Wir spüren jetzt an uns selber, wo und auch wie sich die einzelnen Gliedmaßen aus ihren Gelenken heraus bewegen lassen.

Gleichzeitig sind wir aber auch auf die Bedeutung der Größenverhältnisse der Körperteile untereinander und dem ganzen Körper aufmerksam geworden: Das Hüftgelenk bleibt ungefähr in der Mitte der Körperhöhe, die Ellbogen in der Mitte

zwischen dem Schulter- und Handgelenk, das Knie in der Mitte zwischen Hüft- und Fußgelenk. Wie aber verhalten sich die Maße des Kopfes zum übrigen Körper? Sehr verschieden, je nach unserem Wachstum. In unseren Beispielen mißt der ganze Körper in der Regel 5 bis 6 Kopflängen. Beim Kleinkind sind es weniger, beim Erwachsenen 7 bis 8 Längen.
Die weiteren 4 Darstellungen zeigen, wie wir aus unserem ersten Entwurf, der Gelenkfigur, nach und nach zur fertigen Zeichnung gelangen. Als Gegenstück zu den Figuren der oberen Reihen wählten wir zu den beiden unteren je ein Beispiel in seitlicher Ansicht. Unser Vorgehen bleibt das gleiche wie oben. Zu beachten wäre diesmal, daß sich die Schulter- und Hüftgelenke gegenseitig decken. Eure Aufgabe besteht nun darin, mit den vordersten – nach Belieben vergrößerten Entwürfen – in leichten Linien anzufangen und dann die nachfolgenden Stufen allmählich kräftiger darüberzusetzen.

Haben wir nicht gerade festgestellt, daß die Ober- und Unterarme, ebenso die Ober- und Unterschenkel jeweils von gleicher Länge seien? Das gilt allerdings nur dann, wenn sich unsere Arme und Beine in voller Länge zeigen, so zum Beispiel, wie sie in der ersten Figur oben links auf Seite 82 und 83 zu sehen sind. Diesmal kommen die sogenannten *Verkürzungen* an den Armen und Beinen neu hinzu. So sind die verkürzten Gliedmaßen – immer nur in ihrer Länge verkürzt – an den Pfeilen zu erkennen.

Und nun noch unsere Detailzeichnungen mit Kopf, Hals und Schulter (s. S. 84). Ihr sollt nun versuchen, eine Auswahl dieser Beispiele ungefähr in gleicher Größe zu ganzen Figuren weiterzubilden. Dabei geht ihr immer so vor, wie wir es schon gezeigt haben.

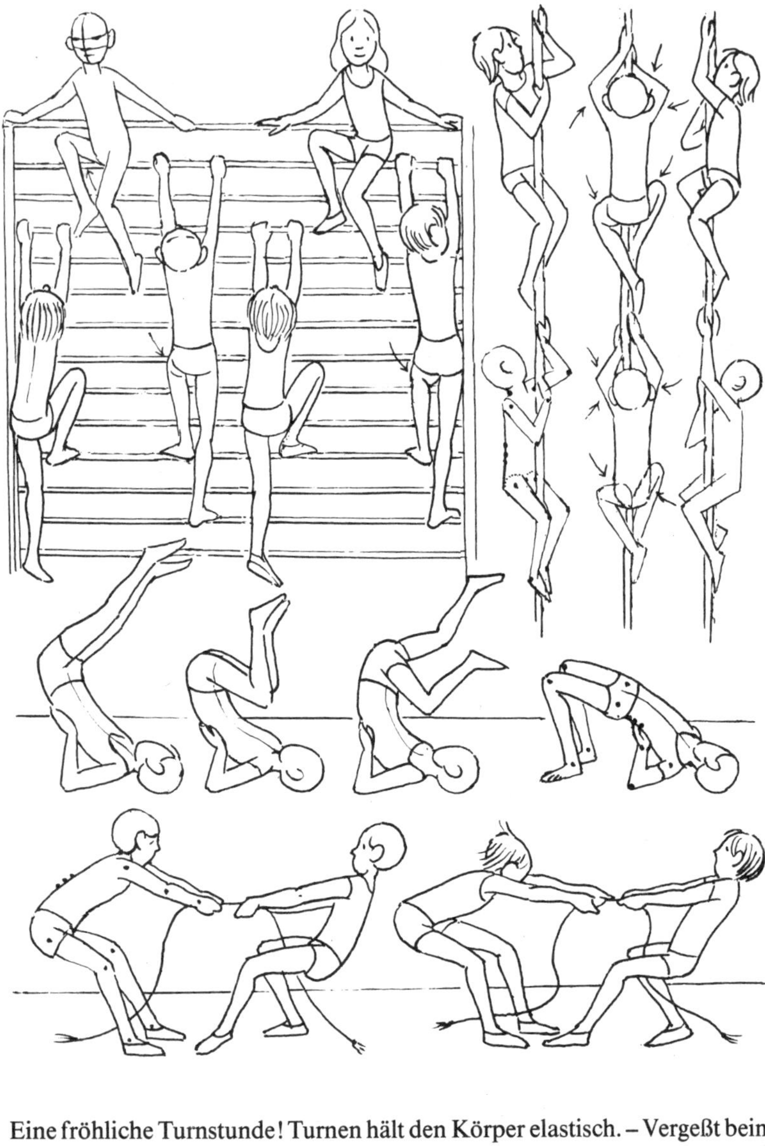

Eine fröhliche Turnstunde! Turnen hält den Körper elastisch. – Vergeßt beim Zeichnen nicht, immer mit der Gelenkfigur anzufangen und mit der Bekleidung aufzuhören.

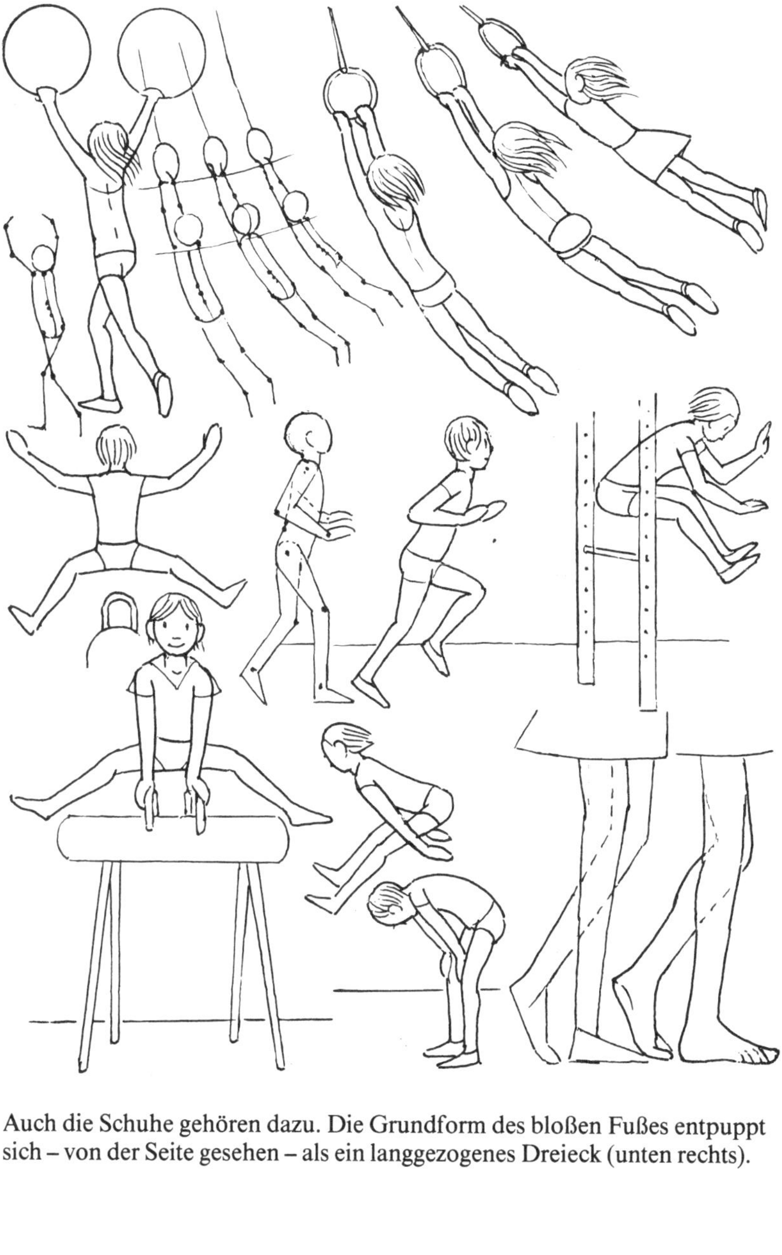

Auch die Schuhe gehören dazu. Die Grundform des bloßen Fußes entpuppt sich – von der Seite gesehen – als ein langgezogenes Dreieck (unten rechts).

Tüchtige Springer, schnelle Schwimmerinnen! Und wenn ihr selber baden geht, so haltet als angehende Zeichner die Augen offen. Beobachtet eure Freunde auf dem Sprungbrett,

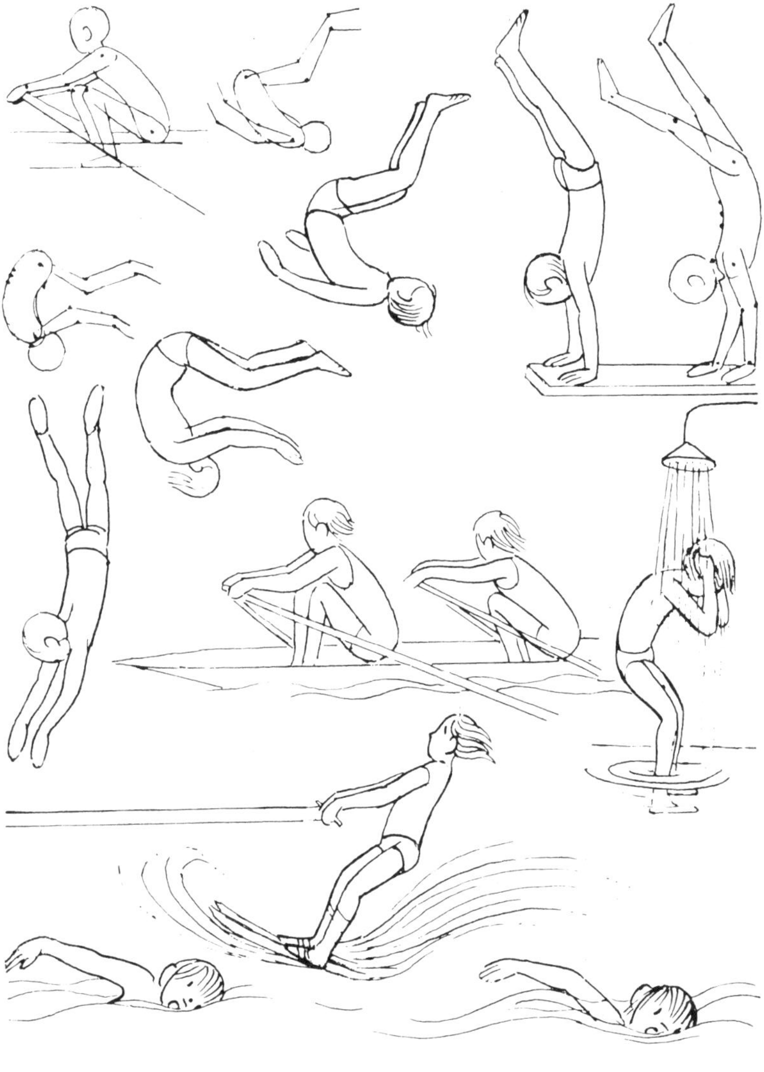

im Wasser, beim Sonnen. Die Bewegungsmöglichkeiten unseres Körpers sind ja nicht auszuschöpfen. Als Zugabe zwei Ruderer und ein Wasserskifahrer.

Fußball. Ausschnitte aus einem Spiel. Versucht nun, die beiden oberen Darstellungen zu vergrößern und dann so zu ergänzen, wie es unten gezeigt wird.

Korbball, Tennis, Rollschuhlaufen. Egal, ob wir diese Kompositionen oder solche nach eigenen Entwürfen zeichnen, immer soll der eigene bewegte Körper unser Ratgeber sein. Je mehr ihr euch im Auswendigzeichnen übt, um so lebendiger wirken eure Figuren.

Sportliche Schneefreuden. Skifahren (auf der nächsten Seite) und hier vergnügtes Schlittenfahren. Aber auch das Eishockeyspiel soll nicht vergessen werden.

Schlittschuhlaufen. Aller Anfang ist schwer!

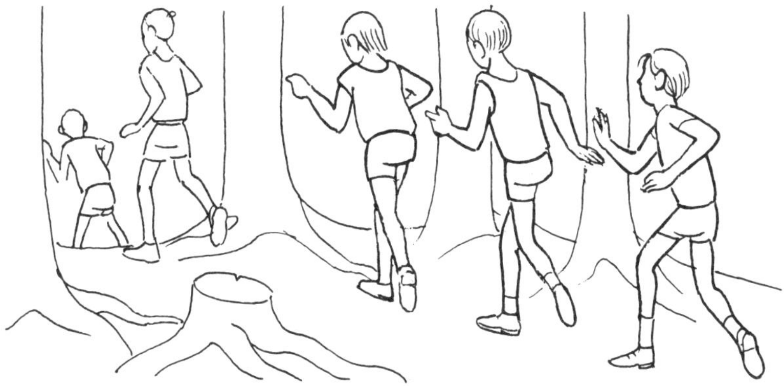

Aber kaum ist der Winter vorbei, schon wissen unsere sportlichen Freunde, sich auf ihre Art weiterzuhelfen: hier oben als wetteifrige Waldläufer, unten als sommerliche Bergsteiger.

Oben ein Robinsonspielplatz, unten Dreirad- und kleine »Renn«fahrer.
So meine Lieben, nun denke ich, braucht ihr mich nicht mehr.
Wollt ihr jetzt am liebsten gleich hinaus, ihr Sportskanonen? Also los, ich wünsche viel Vergnügen!

Der Zirkus ist da

Habt ihr's gehört? Der Zirkus ist wieder da! Schon drängen die Schaulustigen, groß und klein, alt und jung, zur Kasse. – Ja, dort im Zirkuswagen! Dahinter betreten sie dann jenes hohe, schmiedeeiserne Tor, den Zugang zum Zirkusgelände. Vor ihnen erhebt sich das gewaltige runde Zelt. Jetzt streben die Vordersten in Scharen jenem Zeltdach zu, von wo sie über eine hölzerne Treppe zum Schauplatz der Zirkusspiele gelangen.

Im Nu ist die Tribüne bis auf den letzten Platz besetzt.

Aber wenn ihr früh genug seid, gibt es hinter dem Zelt – dort, wo auch die Wohnwagen stehen – noch viel Sehenswertes zu entdecken. So zum Beispiel die Raubtiere in ihrem Käfigwagen. Rechts daneben seht ihr das Gitter ihres Laufganges in das Zeltinnere.

Die Vorstellungen fangen an.

Schmetternd setzt das Orchester ein. Pferde traben eines hinter dem anderen rundherum, auserlesene Rassetiere, der Stolz der Zirkusfamilie, und angeführt von ihrem Oberhaupt, dem Zirkusdirektor. Reich geschmückt nach gutem alten Brauch stellt er sie zum Willkommensgruß seinen Gästen zur Schau.

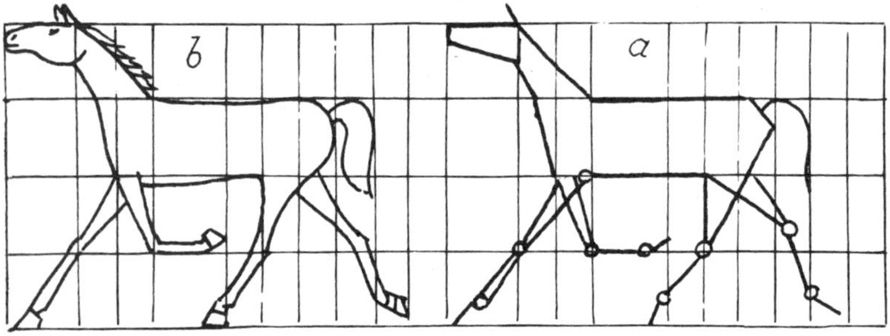

Wer Lust hat, Pferde zu zeichnen, beachte vorerst die obersten Zeichnungen. Sie zeigen, auf was es ankommt. Erst einmal auf das Größenverhältnis der Körperteile – Kopf, Hals, Leib und Beine – zur ganzen Figur. – Entwerft zunächst in leichten Linien das sogenannte *Quadratnetz* – und zwar *in beliebiger Größe!* Dann setzt die *Gelenkfigur* (a) hinein und ergänzt diese im Sinne der Darstellung (b).
Ein besonderes Kennzeichen des Pferdes besteht in der Linienführung des Halses. Sie ist zu vergleichen mit der eines Hahnes und auch der Ziege, steht aber im Gegensatz etwa zu einem Reh. – Nun stützt eure Hände auf und erhebt sie dann locker. Genau so bewegen sich die Hufe des Pferdes aus ihren Gelenken heraus.

Pferdedressur, verbunden mit aller Art Reitkunststücken, spielt in den Übungsstunden der Zirkusleute eine bedeutsame Rolle. Wie wir es fertigbringen, auch diese Kunstreiter in unsere Pferdezeichnungen einzubeziehen, seht ihr auf Seite 112.

Eine Programmnummer folgt der anderen. Jongleure (a), Bodenakrobaten (b), Schlangenmenschen (c) führen ihre erstaunlichen Kunststücke vor.

Dann natürlich die Elefanten! Diese besonders gelehrigen Tiere dürfen in keinem Zirkus fehlen. Auch diese möchtet ihr zeichnen. Das Quadratnetz oben wird euch für den Anfang von Nutzen sein.
Unten zwei drollige Elefantenkinder. Das eine noch nicht zwei Monate alt. Und doch schon so groß? O ja, so groß – verglichen mit uns Menschen.

Bravo, einfach toll!

Großer Applaus!
Unser freudiger Beifall gilt nicht nur den Elefanten, er gilt auch ihren geschickten Lehrmeistern.

Seiltänzer. Dort unter der Zeltkuppe in schwindelnder Höhe.

Wirklich ein Wagnis, selbst mit der Balancierstange.

Haha, guten Tag lieber August! Auf dich haben wir uns schon lange gefreut. Und deinen kleinen Lausbub stellst du uns auch gleich vor.

Aber wen bringst du jetzt mit? Deine Großmutter? Sie soll mit dir seiltanzen?

O, o, arme Großmutter!

Das geschieht dir ganz recht, warum hast du deine Großmutter fallen lassen!

Huhu, und jetzt noch dieses Gespenst! Merkt ihr's wirklich nicht, ihr beiden Musikanten, wer euch unter diesem Leintuch in Schrecken versetzt?
Ihr Leute, hinterher werdet ihr lachen. Die Großmutter? Eine Puppe! Das Gespenst? Ein Hanswurst unter einem Leintuch!

Kurze Pause.
Mittlerweile wird der Schaukäfig für die Raubtiere bereitgestellt. Angeführt vom Tierbändiger kommen sie durch das Laufgitter.
Unten: Wieder zum Zeichnen: Löwe, Tiger und Panther.

Es ist wirklich keine Kleinigkeit, solche wilden Gesellen zu Schaustellungen abzurichten. »Mit Zuckerbrot und Peitsche« meint ihr? Und mit »Mut und viel Geduld« wird der Dompteur (der Tierbändiger von Beruf) hinzufügen.

Luftakrobatik
Sprung aus dem
sogenannten
Katapult.

O du lieber, unverbesserlicher
August!

Luftakrobatik.
Am Trapez –

und auch einmal so.

Tosender Beifall. Das Spiel ist zu Ende. Mit strahlenden Gesichtern streben alle dem Ausgang zu. –
Meine Zirkusfreunde, was ihr mitangesehen und miterlebt habt, wird euch in Erinnerung bleiben. – Wie wäre es, wenn ihr die eine oder andere besonders eindrückliche Szene mit dem Zeichenstift festhalten würdet? Etwa in Form von kleinen, anspruchslosen Umrissen, wie es auch nicht anders in diesem Buch gemeint ist.
So möchte ich euch mit den obigen Darstellungen zeigen, wie man es auf einfache Art fertigbringt, ein menschliches Wesen in allen erdenklichen Körperbewegungen aus freier Hand zu zeichnen. Die Gliedmaßen bewegen sich ohne Ausnahme aus den Gelenken heraus, aus den Arm- und Beingelenken, Hand- und Fußgelenken, und nicht zu vergessen die Hals- und Lendenwirbel. Alle diese Gelenkstellen sind in den oberen sogenannten *Gelenkfiguren* deutlich zu erkennen. Kurz, beginnt also mit diesen Gelenkfiguren und führt sie nachher ungefähr so wie hier weiter aus.

Meine Heimat

Eine Anleitung zum Federzeichnen

Hast du ein Fläschchen mit schwarzer Tusche? eine weiche Feder? ein Stück weißes, nicht faseriges Zeichenpapier? – Und nun paß auf, wie du am besten vorgehst! Spitze deinen Bleistift. Zeichne mit Maßstab und Winkel ein Viereck, den Rahmen für dein Bild. Merke dir: Eine Federzeichnung darf nicht übertrieben groß sein. Sonst geht die gute Wirkung verloren. Auch allzu klein hat seinen Haken: Die Striche fließen leicht zusammen. Gib deinen Zeichnungen etwa die Größe einer Ansichtskarte. Entwirf nun mit Bleistift leicht die Umrisse. Glaube ja nicht, jeder Grashalm müsse vorgezeichnet werden. Verstehst du, die Umrisse eines Hügels, einer Wolke, die Hauptlinien eines Baumes. Der Entwurf wird erst zuletzt aus der fertigen Federzeichnung wieder herausgewischt.

So, nun kann's losgehen: Jetzt wird mit Feder und Tusche gezeichnet. Nicht zu tief eintunken! Kleckse dienen nicht zur Verschönerung. Aber weich, geschmeidig und gleichmäßig breit soll der Strich werden. Darum ziehe eine bereits gebrauchte Feder einer neuen vor. Ungefähr 80 Bilder zählst du in diesem Kapitel. Und alle mit der gleichen Feder gezeichnet. – Wir beginnen mit dem Einfachen. Ich zeige dir, wie eine Wiese, ein Himmel, ein Baum, ein Haus ausgeführt wird. Befolgst du meine Ratschläge, wirst du rasche Fortschritte machen. Du wirst dir bald eigene Bilder ausdenken oder nach der Natur entwerfen und selbständig zeichnen können.

Nicht wahr, du gehörst nicht zu denen, die nach einem ersten Mißerfolg den Mut verlieren? Du überlegst: Wo liegt der Fehler? Du vergleichst genau mit der Vorlage und fängst nochmals an. Dazu darfst du ein frohes Liedchen pfeifen.

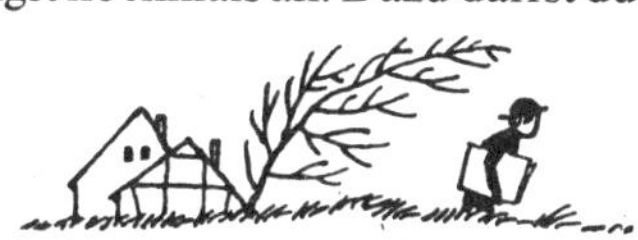

Beachte oben den Bleistiftentwurf, daneben die fertige Federzeichnung. Wiese: kurze, kräftige Striche, nahe zusammen, aber nicht gleichmäßig aufrecht. Himmel: waagerechte, leichte, aber nicht steife Linien. Warum ich wohl die Umrisse von Wolke und Hügel mit der Feder nicht nachgezogen habe? Die erste Zeichnung unten hilft dir. Es sieht nämlich sehr hölzern aus. Was gut werden soll, braucht Zeit. Zeichne die Grashalme recht sorgfältig. Sieh in der Mitte, was dabei herauskommt, wenn einer so ohne Gefühl drauflos haut. Die letzte Zeichnung zeigt dir noch einen weiteren, häufigen Fehler. Die Erde hebt sich vom Himmel zu wenig ab. Du siehst auch gleich, wie ich das ändere. Ich lege zwischen und über die erste Schicht eine zweite.

Nochmals das gleiche? O nein! Sieh nur näher hin! Was sagt dir diese Seite Neues? Himmel und Erde zu verschiedenen Tageszeiten. Oben Abend und Morgen, unten voller Mittag und Mitternacht. Vergleiche! Überlege, wie ich vorgegangen bin. Mal enge, mal weite Abstände. Mal Himmel und Wiese vom Rand her nur angedeutet, um das Ganze hell und sonnig erscheinen zu lassen. Beachte auch, wie Himmel und Erde immer deutlich geschieden sind. Die Figuren kannst du auch weglassen. Willst du es aber damit versuchen, fülle sie, wie überhaupt alles, was ganz schwarz sein soll, mit der Feder aus und nicht mit einem Pinsel. Dadurch ergäben sich weiche Formen, die nicht zu den harten Federstrichen passen.

Ein paar Stimmungsbilder! Ja, aber weiter nichts, denkst du, als ein Stück Boden, darüber der Himmel und die Wolken. Wenn doch wenigstens noch ein Flugzeug durch den Himmel fliegen würde, Ziegen und Kühe sich auf der Wiese tummelten! Fällt dir noch anderes ein? Nein, du merkst, was ich meine: Es kommt nicht darauf an, daß man möglichst viel in den Rahmen hineinstopft. Je weniger, desto besser! Je einfacher, um so stimmungsvoller. – Warum habe ich auf dem vierten Bildchen die Umrisse der Wolken diesmal auch nachgezogen? Keine Regel ohne Ausnahme. Hast du schon beobachtet, wie scharf sich geballte Frühlingswolken am blauen Himmel abzeichnen?

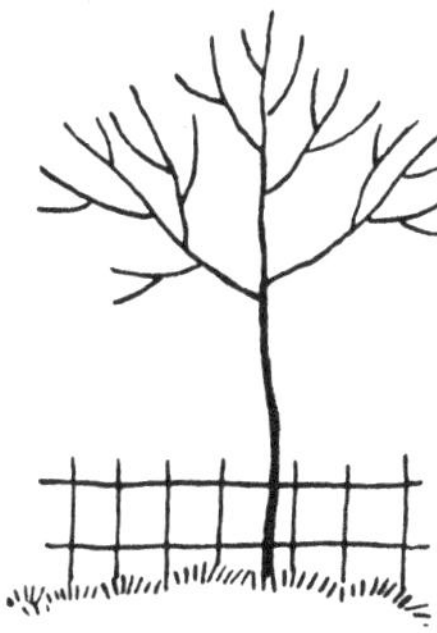
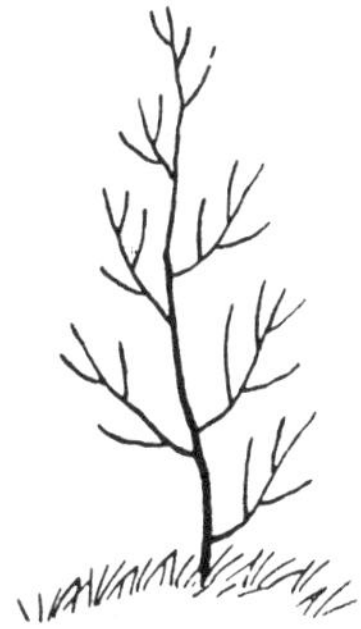

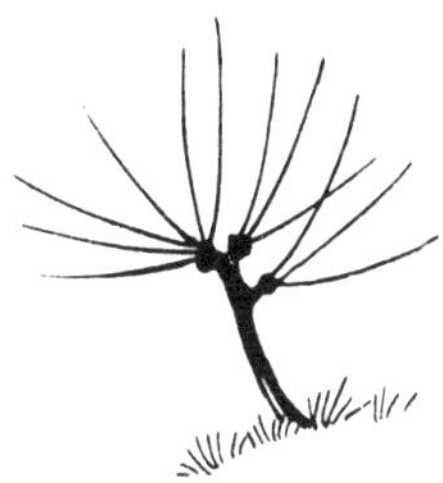

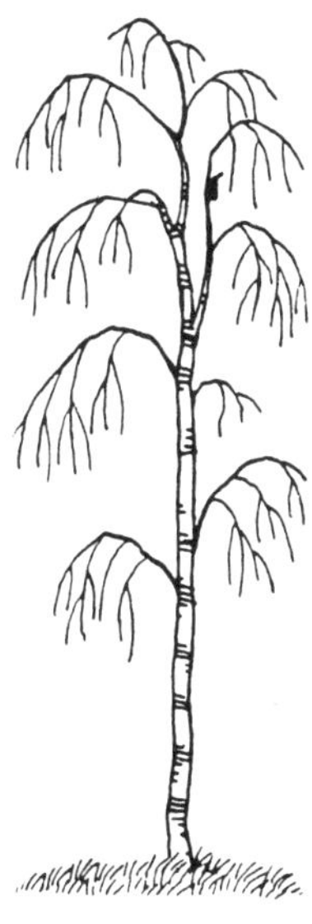

Entlaubte Bäume. Zur Übung sollst du die wenigen Beispiele vergrößert nachzeichnen. Erst den Stamm, dann die Äste, zuletzt die kleinen Zweige. Versuche auch, eines der Stimmungsbilder von der vorigen Seite mit einem solchen kahlen Baum zu bereichern. Du sollst zuerst die Wiese, dann den Baum und zuletzt (wie immer) den Himmel zeichnen. Schau dir auf der nächsten Seite ein paar Beispiele dieser Art an.

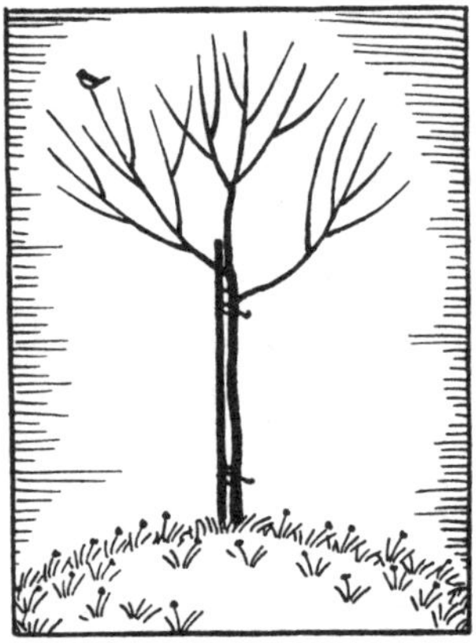

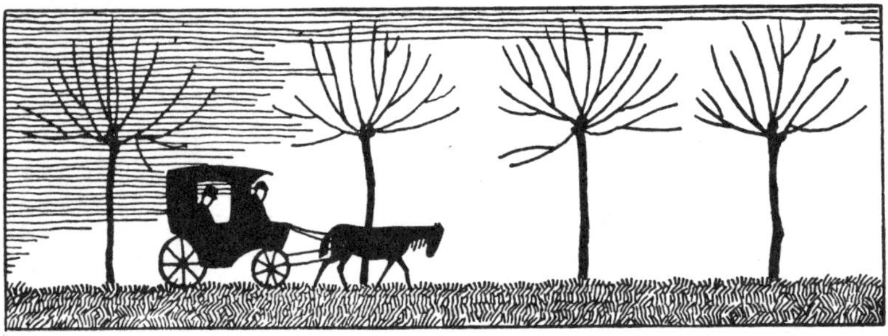

Beachte: Die Bäume heben sich dunkel und kräftig vom leichten oder weiß ausgesparten Himmel ab. Geraten dir die Äste und Zweige zu dünn, treten sie zu wenig hervor, versuche sie vorsichtig zu verstärken.

Belaubte Bäume kannst du zwar auf sehr verschiedene Art ausführen, doch wage dich nicht gleich an gar zu schwere Dinge. Hier hast du Beispiele der einfacheren Art. Stellst du ein solches Bäumchen in eine Wiese, ans Wasser, wird das ein eigenes, hübsches Bild werden.
Versuche, die Blätter gleich mit der Feder zu zeichnen.

Das Wasser. Genau waagerechte Linien, entweder ganz durchgezogen oder bei großen Flächen vom Rand her nur angedeutet. Oder feine senkrechte Striche am Ufer entlang. Das Spiegelbild, z. B. das eines Baumstammes, verstärkt den Eindruck. Zeichne eines der Bilder der vorherigen Seiten jetzt mit einem schmalen Wasserstreifen im Vordergrund. Trenne Wasser und Land immer durch eine kräftige Linie.

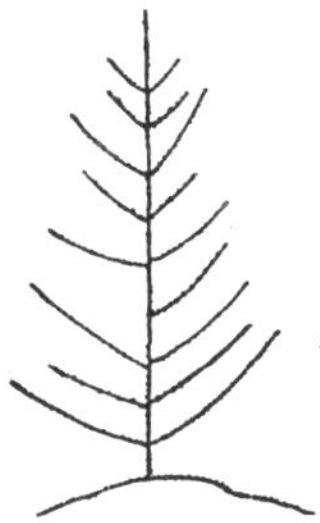

Nadelbäume sollten dunkel gezeichnet werden. Damit du aber eine gute Form erhältst, wirst du sie so entwerfen, wie du sie oben siehst. Versuche, die Nadeln gleich mit der Feder anzusetzen, und zwar so eng wie möglich.

Hast du schon einige hübsche Federzeichnungen fertig? Ich glaube es sicher. – Was du hier und auf der nächsten Seite siehst, kannst du zur Übung abzeichnen. Doch versuche es auch mit eigenen Zusammenstellungen. Das wird dir doppelt Freude machen. Nochmals rate ich dir: wenig auf ein Bild; deutlich in hellere und dunklere Flächen aufteilen.

Vergleiche die vorherige Seite mit dieser. Merkst du etwas? Hier siehst du die gleichen Dinge wie dort. Nur anders zusammengestellt, Teile herausgenommen und in eine andere Umgebung eingefügt. Fällt dir noch eine weitere Lösung ein? (Kapelle in der Mondnacht, Trauerweide am Bach, Häuser vorn und See im Hintergrund usw.)

Probiere zum Beispiel, aus jeder dieser Zeichnungen zwei zu machen: Schafherde für sich, dazu eine hohe Tanne. Haus mit dem Boot im Vordergrund für sich, in das Boot einen Angler.

Vergrößere die Skizzen der untersten Reihe und führe sie so aus, wie du es jetzt gelernt hast. (Dächer dunkel, Mauern weiß lassen usw.)

Zeichne das Hochgebirge mit eckigen Umrißlinien. Beschränke dich auf große, schwarze und weiße Flächen. Einzelheiten würden dir die gute Wirkung der Zeichnung nur verderben.

Vergrößere die Alphütten der untersten Reihe. Gib ihnen gleichzeitig den passenden Hintergrund, so wie du es oben siehst.

Jetzt aber hinaus aus dem Zimmer. Die Sonne lacht. Nimm dein Skizzenbuch und einen Bleistift mit. Wandere über Berg und Tal. Entwerfe hier und da eine Skizze. An einem Regentag machst du zu Hause saubere Federzeichnungen daraus. Nicht wahr, du kannst es jetzt!

Auf meinem Feldstühlchen

Einführung in die Perspektive

Welche Fülle lieber Erinnerungen verwahre ich mir in meinen Landschaftszeichnungen, auf manchem schon vergilbtem Blatt. Erinnerungen an sonnige Ferientage in unserer Heimat und an Reisen in fremde Länder.
Diese kleine Federzeichnung führt mich z. B. wieder an einen fernen Meeresstrand. Vor mir dehnte sich damals zum erstenmal das endlose Wasser. Zwei Fischerboote lagen in dem kleinen Hafen. Mir zur Rechten aber ragte, aus mächtigen Felsbrocken errichtet, ein altersgrauer Wachtturm in den Himmel. So, wie ich das Bild vor mir sah, versuchte ich es in meinem Skizzenbuch einzufangen. Doch eines der Boote war inzwischen ausgefahren. Klein wie eine Mücke war es am fernen Horizont zu sehen. –
Lieber Freund! Hätte ich mir damals in den Kopf gesetzt, alles so wiederzugeben, wie es in Wirklichkeit war, so hätte ich die Boote gleich groß zeichnen müssen. Ebenso aber auch die beiden mir zugekehrten Turmseiten. Auch sie waren in Wirklichkeit gleich groß, – zwei gleiche Rechtecke. Sieh dir an, zu welchem Ergebnis ich gekommen wäre, und urteile selber! – Wie fest und sicher scheint dagegen der Turm oben aus dem Boden zu wachsen. Wie klar vermittelt er den Eindruck eines Körpers im weiten Raume. Kurz, alles wirkt eben natürlich. Deshalb, weil ich die Natur so nachbildete, wie ich sie von meinem Standort aus nun einmal sah. – Dieses Zeichnen nennt man perspektivisch zeichnen. Von der Perspektive will ich dir jetzt so viel beibringen, wie es dir beim Naturzeichnen nützlich sein kann.

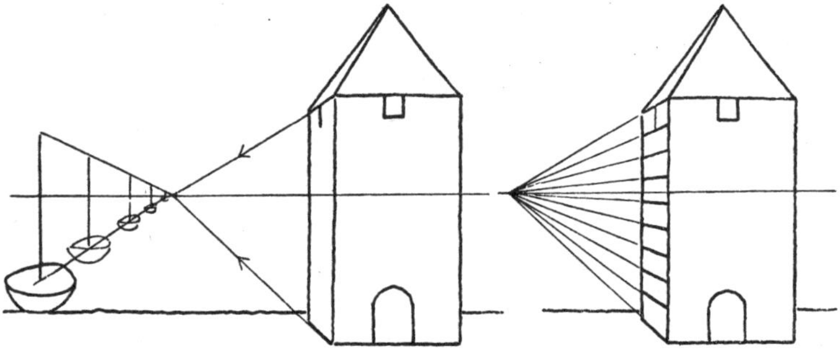

Was fällt dir an meiner Zeichnung der vorherigen Seite zuerst auf? Daß ich das Schiff fern am Horizont so winzig darstelle? – Bestimmt nicht. Jedes Ding erscheint uns von weitem gesehen kleiner. Das lehrt uns die tägliche Erfahrung. – Wohl eher die linke, belichtete Turmwand? Tatsächlich, sie erschien mir, verglichen mit der anderen, von meinem Standort aus viel schmaler. – Wie, und die Fuß- und Dachlinien hast du schräg laufen sehen? – Ja, so ist's. Die eine sah ich in die Ferne ansteigen, die andere fallen. – Und setze ich beide fort (siehe oben), treffen sie sich am Horizont: auf der Geraden, waagerecht vor meinem Auge, dort, wo die Wasserfläche meinen Blicken entschwindet. Sieh mal, nun zeichne ich noch die Steinfugen in diese verkürzte Mauerfläche! Auch sie laufen am wirklichen Turm waagerecht und fliehen jetzt im Bild jenem Punkt am Horizont zu. Alle *über* der Augenhöhe – wie du siehst – fallend, die *unter* dem Auge steigend.
Und so wird es beim perspektivischen Zeichnen immer sein, wo immer verkürzte (dem Auge entfliehende) Linien vorkommen, *die in der Natur waagerecht und untereinander parallel sind* (Zeichnung unten). – *Fluchtlinien* nennt sie der Zeichner, und *Fluchtpunkt* ihren gemeinsamen Schnittpunkt auf Augenhöhe.

Setze die fliehenden Linien der verkürzten (hier schattierten) Flächen mit spitzem Bleistift in den Fluchtlinien fort. Sie werden sich jedesmal im Fluchtpunkt schneiden, durch welchen du dann die waagerechte Horizontlinie (meine Augenhöhe) ziehst. Zeichne auch eines der Motive vergrößert ab und kontrolliere nachher, ob du perspektivisch richtig gezeichnet hast.
Beachte: Auch der Wasserspiegel bildet hier eine dem Auge entfliehende Fläche. Seine Uferlinien laufen in der Natur bis zur Biegung mit den verkürzten Seiten der Häuser parallel.

Hinter dem sandigen Strand erhoben sich steile Küstenfelsen. Auf diese stieg ich jetzt. – Auch diesmal lag die ferne Horizontlinie waagerecht vor meinen Augen. Sie war wohl heimlich mitgestiegen? Jetzt stand sie nämlich ein gutes Stück über dem Turm. Diesen aber sah ich nun von oben her. – Beachte (Zeichnung oben) wie er sich in der sogenannten *Aufsicht* (der Vogelperspektive) darstellt. Die Fluchtlinien laufen jetzt *aufwärts* in den Fluchtpunkt am Horizont.

Was verstehst du im täglichen Sprachgebrauch eigentlich unter dem Horizont? Hm, ich denke wohl die scheinbare Grenze zwischen Himmel und Erde? – Der *perspektivische* Horizont aber ist immer und überall die waagerechte Gerade auf der Augenhöhe des Zeichnenden. – Er ist, du erkennst es an dem Beispiel unten, in den meisten Fällen nur eine gedachte Linie. – Die drei Hütten wurden ebenfalls von oben gesehen gezeichnet. Alle Fluchtlinien streben aufwärts und schneiden sich im perspektivischen Horizont.

Ziehe auch hier die Fluchtlinien. Du wirst erkennen, daß mein Standpunkt unterhalb dieser Bauten gelegen haben muß. Sie wurden wirklich alle von unten gesehen. Sie sind in ihrer *Untersicht* oder, wie man sagt, in der Froschperspektive dargestellt. – Die Fußlinien werden meistens von der Bergkante überschnitten, manchmal sind auch die Dachflächen dem Blick entzogen. – Zeichne eines dieser Beispiele vergrößert ab, kontrolliere deine perspektivischen Linien und lege, wenn alles klappt, die verkürzten Seiten in den Schatten (so wie bei Beispiel 3).

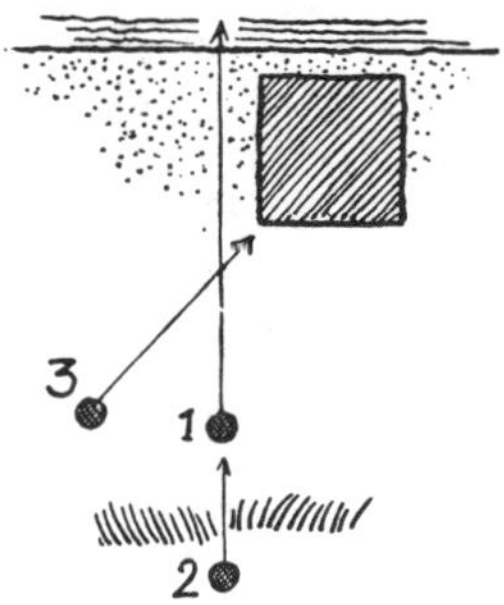

Damit du auch das Weitere klar verstehst, will ich dir eine Planskizze von meinem Turm geben. Mit 1 bezeichne ich meinen ersten Standort (die beiden ersten Seiten dieses Kapitels) und mit dem Pfeil meine damalige Blickrichtung geradeaus. (Was aber nicht so zu verstehen ist, als würde ich beim Zeichnen ununterbrochen dorthin gestarrt haben! So hätte ich ja den Turm weder genau gesehen, geschweige denn zeichnen können. Nein, meine Augen umfassen immer ein ganzes Blickfeld, genau wie die Linse des Photographen.) 2 gibt meinen Standpunkt auf den Klippen an, (Seite 132) – und jetzt paß auf! Ich trete auf Platz 3 und wende meinen Körper (nicht nur die Augen) dem Gebäude zu. Mein Blick geradeaus fällt jetzt auf dessen nächste Kante. Ich sehe den Turm in einer sogenannten *Eckansicht*.

Entsprechend meinem Standort wechselt auch die Ansicht des Turmes. Meinen jetzigen habe ich so gewählt, daß ich beide Turmseiten gleich breit sehe. Doch unmöglich in ihrer vollen Breite, sondern verkürzt. Beide von ihrer gemeinsamen Kante wegfliehend, die eine links, die andere rechts hinaus. Das ergibt folgendes perspektivisches Bild:

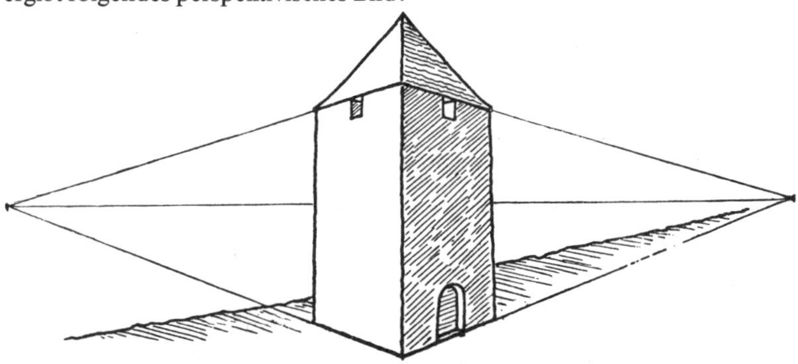

Jede der beiden verkürzten Flächen gewinnt ihren eigenen Fluchtpunkt. Beide liegen auf dem perspektivischen Horizont, der eine links, der andere rechts von meinem Auge. In jedem treffen sich die Fluchtlinien der ihnen zugekehrten Dach- und Fußkante. Dazu kommen noch die Fluchtlinien aller weiteren Geraden, die mit diesen parallel laufen (Steinfugen, Fenstersimse und -stürze, Türschwellen usw.).

Anmerkung: Strenggenommen haben auch die Ansichten auf Seite 130–133 zwei Fluchtpunkte; der zweite liegt aber so weit weg, daß die Neigung der entsprechenden Linien vom Auge nicht mehr festzustellen wäre.

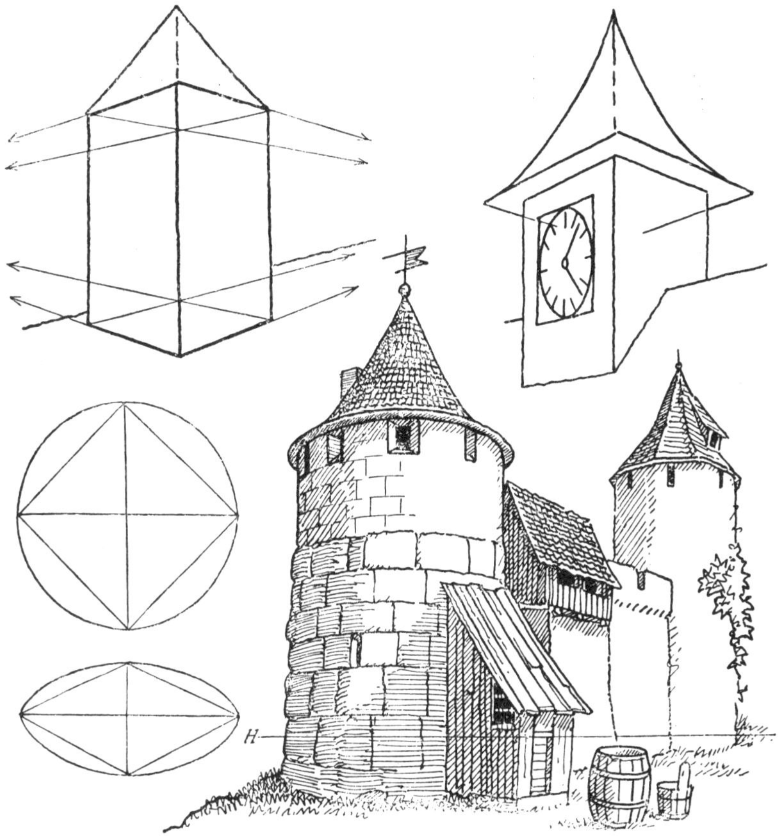

Alle Parallelen in der Natur haben, perspektivisch verkürzt, den gleichen Fluchtpunkt. Darum strebt (vorhergehende Seite) die Uferlinie, die in gleicher Richtung wie die beschattete Wand läuft, auch auf den gleichen Fluchtpunkt zu. – Gibt es an unserem Bild noch weitere solcher Mitläufer? Am quadratischen Turm selber etwa? – Natürlich, nur sind sie dem Auge verdeckt. Wäre (Zeichnung 1) der Turm durchsichtig, kämen sie zum Vorschein.
An einem vorragenden Dach (Zeichnung 2) siehst du links und rechts je den Ansatz einer gegenüberliegenden parallelen Seite.
Wie verzerrt die zwei Quadrate am Turm in der perspektivischen Verkürzung aussehen! Auch ein ihm umschriebener Kreis macht die Verzerrung notwendig mit und wird zur Ellipse (Zeichnung 3 und 4). – So also (Zeichnung 5) wollen runde Türme vom Zeichner gesehen werden. – Versuche den vorderen, vergrößerten auch zu zeichnen.

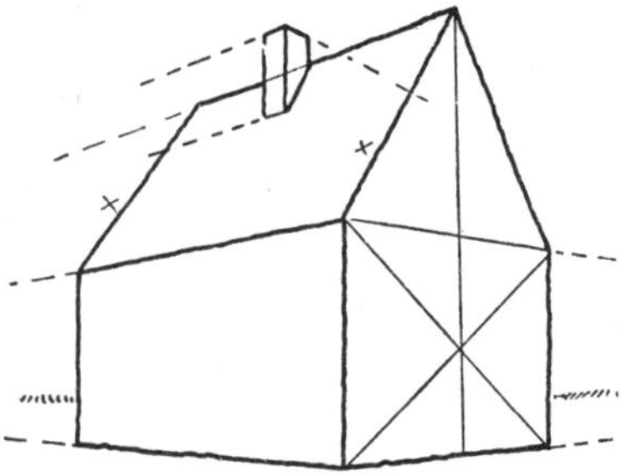

Beispiele von Eckansichten mit gleichmäßig verkürzten Seiten.
Weil an diesen Bauten, anders als am quadratischen Turm, die Seiten verschieden breit sind, bleiben sie es auch in ihrer Verkürzung.
Zeichnung 1 zeigt dir, wie die *perspektivische Mitte* zu finden ist.
Zeichnung 2 wie ein vorspringendes Dach *nachträglich* aufgesetzt wird.
Die schrägen Giebelseiten (x) lasse auch in der Zeichnung parallel, auf keinen Fall nach oben auseinander laufen. – Bilde ein Beispiel nach und führe deine Zeichnung mit Feder und Tusche aus.

Und endlich habe ich mir eine Eckansicht ausgesucht, wo sich die beiden Wände des Turmes verschieden breit darboten, die eine mehr, die andere weniger verkürzt erschien.

So (Zeichnung 1) sah diesmal das Abbild aus. Die Schattenwand jetzt schmaler als vorher und ihre Fuß- und Dachlinien stärker steigend und fallend, die Lichtwand dagegen breiter und ihre Linien dementsprechend schwächer geneigt. – Setze auch diese letzteren bis in den Fluchtpunkt fort! – Merkst du etwas? – Daß die beiden Fluchtpunkte nicht mehr – so wie vorher – gleich weit von der vorderen, dir nächsten Turmecke entfernt liegen? Die stärker verkürzte Seite hat ihren Fluchtpunkt näher herangelockt, die schwächer verkürzte den ihren gleichzeitig weiter weggeschickt.

Zeichnung 2 und 3 auf der vorhergehenden Seite: die betreffende Eckansicht zugleich mit der Aufsicht und der Untersicht. Ziehe die Fluchtlinien! Zeichnung 4 auf Seite 137: Daß ein Fluchtpunkt wandert, weg- oder heranrückt je nach der Stärke der Verkürzung, zeigt dir dieser sich öffnende Fensterladen deutlich. Auf dieser Seite: Eckansichten mit solchen ungleich verkürzten Seiten. Setze jedesmal die stärker verkürzte in den Schatten.

Eine Frage muß dich jetzt beschäftigen: Wie konnte ich denn feststellen, wie stark alle diese perspektivischen Linien von ihrer waagerechten Lage abweichen? Oder darf man sie sogar ganz nach Belieben in 2 Fluchtpunkten sich treffen lassen? – Sicher nicht.

Schaue mir also ganz genau zu, wie ich z. B. die Ansicht auf der vorletzten Seite vor der Natur aufbaue:

1. Ich zeichne die mir nächste Senkrechte, also die mittlere Kante. So hoch, wie es mir gut erscheint. Nach ihr richten sich alle anderen Teile. Sie ist meine *Maßkante.*
2. Ich bestimme den Abstand zur Kante rechts, aber noch nicht ihre Höhe. Aber wie? Nun, indem ich meinen Bleistift zum Messen benutze. Ich halte ihn *waagerecht* vor meine Augen *und auch parallel* dazu, kneife ein Auge zu und fange den Abstand zwischen Daumennagel und Bleistift ein (Zeichnung 1 oben). – Dann trage ich diesen Abstand auf der wirklichen Maßkante ab. Dies kann ich ziemlich genau viermal durchführen (Zeichnung 2 oben). – Daher teile ich die gezeichnete Maßkante in vier gleiche Teile ein, von denen ich einen nach links abtrage und die gesuchte Senkrechte ziehe.
3. Dasselbe wiederhole ich links. Einmal – nicht ganz zweimal läßt sich dieser größere Abstand auf der Maßkante unterbringen!
4. Ich lege den Bleistift waagerecht vor das Auge und an die untere Ecke der Maßkante (Zeichnung 3 oben). Erkenne zunächst, daß beide Fußlinien ansteigen, also unter meiner Augenhöhe liegen müssen. Ich vergleiche und schätze die Größe der beiden spitzen Winkel und ziehe dementsprechend auf meinem Blatte die beiden Fußlinien.
5. Genauso mache ich es mit den beiden Dachkanten.
6. Vergleiche, wieder messend, die Höhe des Daches mit der Maßkante. – Turmspitzen stehen immer in der Mitte der ganzen Turmbreite.
7. Zuletzt setze ich noch das Tor und die Fensterluken ein.

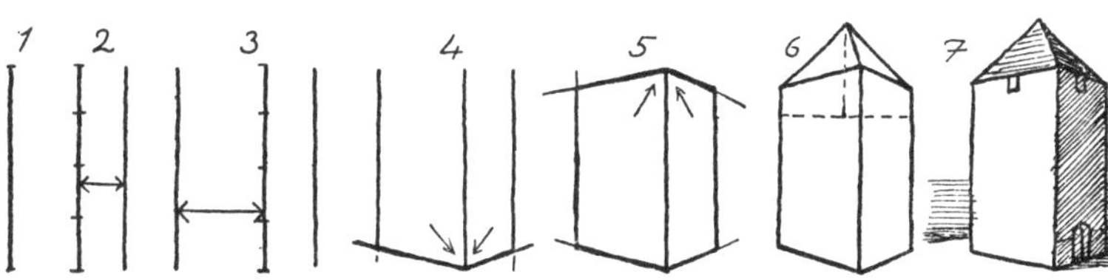

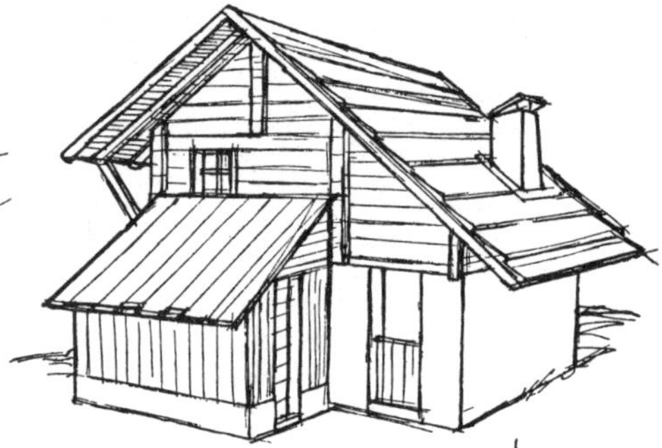

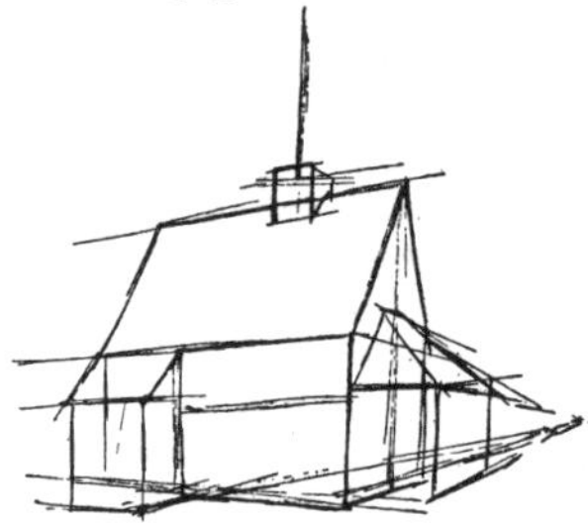

Auf diese Weise bin ich auch bei diesen Naturstudien vorgegangen. Ich habe Stück für Stück mit der mir nächsten Hauskante – meiner Maßkante – sorgfältig verglichen und es auch mit den Winkeln genau genommen.
Zeichne ein Beispiel ab. Wähle die Maßkante doppelt so hoch und schätze dann nach Augenmaß alles weitere, Abstände und Winkel, ab. Versuche zuerst immer mit dem Hauptgebäude fertig zu werden. – Was machst du aber, wenn, wie in Beispiel 3, die Maßkante am Hauptgebäude verdeckt ist? So wirst du dir eben mit einer anderen gut meßbaren Kante zu helfen wissen (siehe Pfeil).

Tor: Beachte die Hilfslinie, die am Ansatz des Bogens notwendig wird! Außerdem: daß die Türleibung (L) mit der schattierten Hauswand parallel läuft, beide Fußlinien also dem gleichen Fluchtpunkt zustreben.
Fensterecke: Dasselbe gilt hier von den Fensterleibungen. Die Leibung des stärker verkürzten Fensters in der stärker verkürzten (beleuchteten) Wand erscheint breiter, weil sie mit der weniger verkürzten (beschatteten) Wand parallel geht, – und umgekehrt.
Verschiedene Dachaufbauten: Bei allen läuft die kräftig hervorgehobene Linie in der Natur parallel zu den Giebellinien. Sie bleibt auch in der Zeichnung parallel zu diesen. Die Schnittlinie des Mansardendaches dagegen (s. Pfeil) liegt weder parallel zum eigenen Dachrand noch zur Giebellinie des großen Daches.

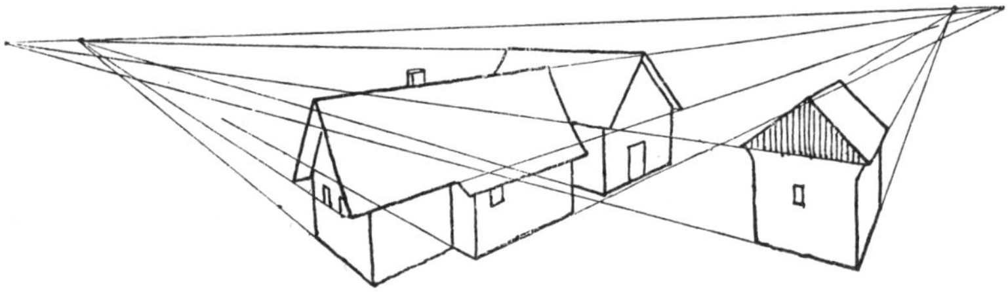

Du weißt: Parallele Linien fliehen in den gleichen Fluchtpunkt. Überzeuge dich noch einmal bei Zeichnung 1, auf der die Häuser parallel zueinander stehen.

Was aber, wenn zwei Gebäude schief zueinander gestellt sind? – Dann verlangt jedes zwei eigene Fluchtpunkte (Zeichnung 2).

Auch in Zeichnung 3 gibt es davon mehr als nur zwei. Wieso denn?

Wie zeichnen wir Flächen, die in der Natur schräg laufen? – Flächen werden beim Zeichnen als Linien abgegrenzt. Stehen Linien senkrecht (z. B. an Hausecken), dann bleiben sie auch im Bild senkrecht. Liegen sie waagerecht, erscheinen sie dir meistens verkürzt und dem Auge entfliehend. Ihre Fluchtpunkte liegen auf deiner Augenhöhe, im perspektivischen Horizont. – Was aber, wenn sie einmal schief laufen? Wie in unserem Falle die steigenden oder

fallenden Straßenränder? Nun, dann liegen eben auch ihre Fluchtpunkte dementsprechend höher oder tiefer. – Prüfe dies in meinen beiden Zeichnungen nach!

Und jetzt, nachdem du meinen Wegweiser gründlich studiert hast, versuche es selber in der Natur. – In der Regel liegen dann die Fluchtpunkte deiner Motive außerhalb des Zeichenblattes. Wie dumm! O nein, es ist alles in Ordnung. Denn du brauchst sie jetzt gar nicht, du wirst und sollst ja in erster Linie deine Augen gebrauchen. Doch denke während des Zeichnens immer an die Lage des Horizontes und an die vermutliche Entfernung der Fluchtpunkte. Dies erleichtert die Kontrolle, ob man auch richtig gesehen hat. – Kleine Verstöße gegen die perspektivische Richtigkeit machen deine Arbeit nicht etwa wertlos, sie können auch dem geübten Zeichner unterlaufen. Bemühe dich aber immer um eine sorgfältige Linienzeichnung. Das Schattieren ist nicht das Wichtige, macht eine flüchtige Zeichnung auch nicht besser. – Zeichne die Schatten so, wie du sie siehst. Besser keine Schatten als falsche.
(Beispiele oben: Sie wurden in der hellen Sonne gezeichnet, daher die kräftigen Schlagschatten.) Jetzt gehe auch du an einem sonnigen Tag mit dem nötigen Gerät aus. Dann los auf die Suche nach einem einfachen, hübschen Motiv!

NÜTZLICHE RATGEBER

EINE AUSWAHL **Stand: Frühjahr 1990**

Essen und Trinken

Meine feine Bürgerliche Küche
(**4411**-4) Von E. Falout, 160 S., 119 Farbfotos, Pappband. ●●●

Essen in Hessen
Spezialitäten zwischen Schwalm und Odenwald. (**0837**-X) Von R. Witt, 120 S., 10 s/w-Zeichnungen, Pappband. ●●

Kochen für 1 Person
Rationell wirtschaften, abwechslungsreich und schmackhaft zubereiten. (**0586**-5) Von M. Nicolin, 104 S., 8 Farbtafeln, 23 Zeichnungen, kart. ●

Schnell und individuell
Die raffinierte Single-Küche
(**4266**-3) Von F. Faist, 160 S., 151 Farbfotos, Pappband. ●●●

Für Kenner und Genießer **Lamm**
(**1090**-7) Von H. Imhof, 64 S., 50 Farbfotos, Pappband. ●

Frischer Fang aus Fluß und Meer **Fisch**
(**0964**-X) Von L. Grieser, 64 S., 69 Farbfotos, Pappband. ●

Edler Kern in harter Schale **Meeresfrüchte**
(**0886**-4) Von L. Grieser, 48 S., 52 Farbfotos, Pappband. ●

Gaumenfreuden Tag für Tag
Pfannengerichte
(**1007**-9) Von S. Fabke, 64 S., 54 Farbfotos, Pappband. ●

Von Tatar und falschen Hasen **Hackfleisch**
(**0866**-X) Von A. und G. Eckert, 64 S., 42 Farbfotos, Pappband. ●

Aus eigener Küche **Gute Wurst**
(**0948**-8) Von J. Bessel, G. Quaas, 80 S., 8 Farbtafeln, kart. ●

Aus lauter Lust und Liebe **Knoblauch**
(**0867**-8) Von L. Reinirkens, 64 S., 45 Farbfotos, Pappband. ●

Kochen und würzen mit **Knoblauch**
(**0725**-6) Von A. und G. Eckert, 96 S., 8 Farbtafeln, kart. ●

Kochen und würzen mit **Paprika**
(**0792**-2) Von A. und G. Eckert, 88 S., 8 Farbtafeln, kart. ●

Bintje, Irmgard und Sieglinde
Kartoffeln
(**1032**-X) Von S. Fabke, 64 S., 43 Farb- und 1 s/w-Foto, Pappband. ●

Nudelgerichte
– lecker, locker, leicht zu kochen. (**0466**-4) Von C. Stephan, 80 S., 8 Farbtafeln, kart. ●

Pasta in Höchstform **Nudeln**
(**0884**-8) Von M. Kirsch, 64 S., 62 Farbfotos, Pappband. ●

Kräftig klar und cremig zart **Feine Suppen**
(**1031**-1) Von H. Imhof, 64 S., 48 Farbfotos, Pappband. ●

Herzhaftes für Leib und Seele **Eintöpfe**
(**0820**-1) Von P. Klein, 48 S., 30 Farbfotos, Pappband. ●

Spezialitäten unter knuspriger Decke
Aufläufe
(**0882**-1) Von C. Adam, 48 S., 33 Farbfotos, Pappband. ●

In Hülle und Fülle **Pasteten und Terrinen**
(**0883**-X) Von M. Kirsch, 48 S., 62 Farbfotos, Pappband. ●

Die Krönung der feinen Küche **Saucen**
(**0817**-1) Von G. Cavestri, 48 S., 40 Farbfotos, Pappband. ●

Schlank und köstlich **Spargel**
(**1005**-2) Von M. Kirsch, 64 S., 44 Farbfotos, Pappband. ●

Von Aubergine bis Zucchini **Gemüse**
(**1061**-3) Von H. Cohrs, 64 S., 39 Farbfotos, Pappband. ●

Statt Breakfast und Lunch **Brunch**
(**1033**-8) Von C. Adam, 64 S., 49 Farbfotos, Pappband. ●

Kochen in höchster Vollendung
Aus vier Elementen ist alles zusammengefügt (Theophrast). (**4291**-4) Von M. Wissing, M. Kirsch, 160 S., 230 Farbfotos, Leinen geprägt mit Schutzumschlag, im Schuber, **DM 98,–**, S 784.–, Fr 94,10

Mit Lust und Liebe
Kochen mit den Meistern
(**4445**-3) 176 S., 132 Farbfotos, 50 Graffiti, Pappband. ●●●●

Zaubern mit der schnellen Welle
Die neue Mikrowellenküche
(**4289**-2) Von F. Faist, 208 S., 188 Farbfotos, Pappband. ●●●

Ganz und gar mit Mikrowellen
(**4094**-6) Von T. Peters, 208 S., 24 Farbfotos, 12 Zeichnungen, kart. ●●●

Schnell auf den Tisch gezaubert
Kochen mit Mikrowellen
(**0818**-X) Von A. Danner, 64 S., 52 Farbfotos, Pappband. ●

Das neue Mikrowellen-Kochbuch
(**0434**-6) Von H. Neu, 80 S., 4 Farbtafeln, 16 s/w Zeichnungen, kart. ●

Knusprig braten und backen im
Mikrowellen-Kombigerät
(**0996**-X) Von T. Peters, 128 S., 108 Farbfotos, kartoniert. ●●

Leicht und vitaminreich
Vegetarische Mikrowellenküche
(**0995**-X) Von F. Faist, 118 S., 103 Farbfotos, kartoniert. ●●

Schnell und individuell
Mikrowellenküche für Singles
(**0997**-6) Von A. Görgens, 118 S., 103 Farbfotos, kartoniert. ●●

Vom ersten Versuch zum Menü
Mikrowellenküche leicht gemacht
(**0994**-1) Von T. Peters, 112 S., 100 Farbfotos, kartoniert. ●●

Zart gedünstet, schonend gegart
Fischgerichte aus der Mikrowellenküche
(**1092**-3) Von A. Ilies, 96 S., 105 Farbfotos, kartoniert. ●●

Köstliches ganz schnell gezaubert
Aufläufe aus der Mikrowellenküche
(**1093**-1) Von K. Kruse-Schorling, 96 S., 100 Farbfotos, kartoniert. ●●

Natürlich Kochen im
Mikrowellen-Römertopf
(**0947**-X) Von F. Faist, 96 S., 8 Farbt., kart. ●

Köstliches aus dem Tontopf
(**0442**-7) Von A. u. G. Eckert, 80 S., 8 Farbtafeln, kart. ●

Das neue Fritieren
geruchlos, schmackhaft und gesund. (**0365**-X) Von P. Kühne, 88 S., 8 Farbtafeln, kart. ●

Goldbraun und knusprig
Fritierte Leckerbissen
(**0868**-6) Von F. Faist, 64 S., 47 Farbfotos, Pappband. ●

Schnell und gut gekocht
Die tollsten Rezepte für den Schnellkochtopf. (**0265**-3) Von J. Ley, 96 S., 8 Farbtafeln, kart. ●

Italienische Vorspeisen **Antipasti**
(**1006**-0) Von S. Reiter-Westphal, 64 S., 47 Farbfotos, Pappband. ●

Pizza, Pasta und die feine italienische Küche
(**4270**-1) Von R. Rudatis, 120 S., 255 Farbfotos, Pappband. ●●

Schlemmerreise durch die
Italienische Küche
(**4172**-1) Von V. Pifferi. 160 S., 109 Farbfotos, Pappband. ●●●

Schlemmen wie bei Mamma Maria
Pizzas
(**0815**-5) Von F. Faist, 64 S., 62 Farbfotos, Pappband. ●

Spaghetti, Tagliatelle + Co.
Pasta all'italiana
(**1004**-4) Von I. Seyric, 64 S., 57 Farbfotos, Pappband. ●

Pikantes und Süßes mit französischem Charme **Bistro-Küche**
(**4428**-3) Von V. Müller, 160 S., 130 Farbfotos, Pappband. ●●●

Schlemmerreise durch die
Französische Küche
(**4296**-5) Von H. Imhof, 160 S., 147 Farbfotos, 3 s/w-Fotos, Pappband. ●●●

Schlemmerreise durch die
Chinesische Küche
(**4184**-5) Von K. H. Jen, 160 S., 117 Farbfotos, Pappband. ●●●

Verheißungsvoll fernöstlich
Spezialitäten aus dem Wok
(**0933**-X) Von H. K. Jen, 64 S., 56 Farbfotos, Pappband. ●

Mit Lust und Liebe **Chinesisch Kochen**
(**4441**-0) Von Ho Fu-Lung, Uli Franz, 176 S., 189 Farbfotos, 29 Zeichnungen, Pappband. ●●●●

Chinesisch kochen
mit dem Wok- und Mongolentopf. (**0557**-1) Von C. Korn, 64 S., 8 Farbt., kart. ●

Die hier vorgestellten Bücher, Videokassetten und Software sind in folgende Preisgruppen unterteilt:

● Preisgruppe bis DM 10,–/S 79,–/SFr.10
●● Preisgruppe über DM 10,– bis DM 20,– S 80,– bis S 160,– SFr. 10,– bis SFr. 20,–
●●● Preisgruppe über DM 20,– bis DM 30,– S 161,– bis S 240,– SFr. 20,– bis SFr. 29,–
●●●● Preisgruppe über DM 30,– bis DM 50,– S 241,– bis S 400,– SFr. 29,– bis SFr. 48,–
●●●●● Preisgruppe über DM 50,–/S 401,–/SFr.48,–
*(unverbindliche Preisempfehlung)

Die Preise entsprechen dem Status beim Druck dieses Verzeichnisses (s. Seite 1) – Änderungen, im besonderen der Preise, vorbehalten –

Falken-Verlag GmbH · Postfach 1120 D-6272 Niedernhausen/Ts. · Tel.: 06127/7020

Mehr Freude und Erfolg beim **Grillen**
(**4141**-1) Von A. Berliner, 160 S., 147 Farbfotos, 10 farbige Zeichnungen, Pappband. ●●●

Köstliches von Rost und Spieß **Grillen**
(**0931**-3) Von A. Kalcher-Dähn, H. K. Kalcher, 64 S., 43 Farbfotos, Pappband. ●

Bocuse à la carte
Französisch kochen mit dem Meister.
(**4237**-X) Von P. Bocuse, 88 S., 218 Farbfotos, Pappband. ●

Französische Küche
(**0685**-2) Von M. Gutta, 96 S., 16 Farbt., kart. ●

Fondues · Raclettes · Flambiertes
(**4081**-4) Von R. Peiler und M.-L. Schult, 136 S., 15 Farbtafeln, 28 Zeichnungen, kart. ●●

Fondues
und fritierte Leckerbissen. (**0471**-0) Von S. Stein, 96 S., 8 Farbtafeln, kart. ●

Rezepte rund um Raclette und Doppeldecker
(**0420**-6) Von J. W. Hochscheid, 72 S., 8 Farbtafeln, kart. ●

Schlemmen in geselliger Runde
Fleischfondues
(**0966**-6) Von M. Spötter, 64 S., 62 Farbfotos, Pappband. ●

Fondues und Raclettes
(**4253**-1) Von F. Faist, 160 S., 125 Farbfotos, Pappband. ●●●

Neue, raffinierte Rezepte mit dem Raclette-Grill
(**0558**-X) Von L. Helger, 72 S., 8 Farbt., kart. ●

Schmelzendes Käsevergnügen **Raclette**
(**0881**-3) Von F. Faist, 48 S., 33 Farbfotos, Pappband. ●

Kulinarischer Feuerzauber **Flambieren**
(**4294**-9) Von R. Wesseler, 120 S., 100 Farbfotos, Pappband. ●●●

Das köstliche knackige Schlemmervergnügen **Salate**
(**4165**-9) Von V. Müller, 160 S., 80 Farbfotos, Pappband. ●●●

Köstliche Salate zum Verwöhnen
(**0222**-X) Von C. Schönherr, 96 S., 8 Farbtafeln, 30 Zeichnungen, kart. ●

Frisch und leicht als Hauptgericht
Schlemmersalate
(**0934**-8) Von C. Adam, 64 S., 49 Farbfotos, Pappband. ●

Köstlich frisch auf den Tisch
Rohkostsalate
(**0865**-1) Von C. Adam, 48 S., 26 Farbfotos, Pappband. ●

Raffiniert und gesund würzen
Kräuterküche
(**0869**-4) Von A. Görgens, 48 S.,43 Farbfotos, Pappband. ●

Miekes Kräuter- und Gewürzkochbuch
(**0323**-4) Von I. Persy, K. Mieke, 88 S., 4 Farbtafeln, kartoniert. ●

Joghurt, Quark, Käse und Butter
Schmackhaftes aus Milch hausgemacht.
(**0739**-6) Von M. Bustorf-Hirsch, 32 S., 59 Farbabb., Pappband. ●

Gesund und vielseitig **Alles mit Joghurt**
täglich selbstgemacht, mit vielen Rezepten.
(**0382**-6) Von G. Volz, 64 S., 8 Farbt., kart. ●

Locker, flockig, leicht...
Müsli & Co
(**0965**-8) Von C. Adam, 64 S., 42 Farbfotos, Pappband. ●

Bärenstark und kerngesund
Vollwertkost für Kinder
(**0968**-2) Von S. Reiter, 64 S., 44 Farbfotos, Pappband. ●

Gesunde Ernährung für mein Kind
(**0776**-6) Von M. Bustorf-Hirsch, 112 S., 8 Farbtafeln, 5 s/w-Zeichnungen, kart. ●

Das Getreidemühlenkochbuch
(**1017**-6) Von M. Burstorf-Hirsch, 112 S., 8 Farbtafeln, kartoniert. ●

Meine Vollkornküche
Herzhaftes von echtem Schrot und Korn
(**0858**-9) Von S. Walz, 96 S., 8 Farbt., kart. ●

Die abwechslungsreiche Vollwertküche
Vitaminreich und naturbelassen kochen und backen. (**4229**-9) Von M. Bustorf-Hirsch, K. Siegel, 280 S., 31 Farbtafeln, 78 Zeichnungen, Pappband. ●●●●

Die verlockende Alternative
Süße Vollwertküche
(**0936**-4) Von A. Roßmeier, 64 S., 50 Farbfotos, Pappband. ●

Die gesunde Art, sich zu verwöhnen
Vollwertküche für Singles
(**0937**-2) Von A. Görgens, 64 S., 43 Farbfotos, Pappband. ●

Dinkel, Hirse, Roggenkorn...
Kerniges aus der Getreideküche
(**0932**-1) Von S. Frank, 64 S., 49 Farbfotos, Pappband. ●

Die feine Vollwertküche
(**4286**-8) Von M. Bustorf-Hirsch, 160 S., 83 Farbfotos, Pappband. ●●●

Mit Lust und Liebe...
Vollwertküche für Genießer
(**4412**-4) Von Prof. Dr. C. Leitzmann, H. Million, 256 S., 329 Farbfotos, Pappband. ●●●●

Naturküche à la carte
(**4406**-2) Von M. Wissing, M. Kirsch, 160 S., 179 Farbfotos, Pappband. ●●●●

Biologische Ernährung
für eine natürliche und gesunde Lebensweise. (**4125**-X) Von G. Leibold, 136 S., 15 Farbtafeln, 47 Zeichnungen, kart. ●●

Die feine Vegetarische Küche
(**4235**-3) Von F. Faist, 160 S., 191 Farbfotos, Pappband. ●●●

Schmackhafte Vollwertkost ohne tierisches Eiweiß
(**0993**-3) Von M. Bustorf-Hirsch, 96 S., 54 Farbfotos, kartoniert. ●●

Cholesterinarm kochen und genießen
(**4442**-9) Von R. Unsorg, 168 S., 132 Farbfotos, kartoniert. ●●●

Die aktuelle **Cholesterintabelle**
(**1088**-5) Von Dr. H. Oberritter, 84 S., 12 zweifarbige Grafiken, kartoniert. ●

Würzig kochen ohne Salz
(**0922**-4) Von S. Roediger-Streubel, 160 S., 16 Farbtafeln, kart. ●●

Alternativ essen
Die gesunde Sojaküche.
(**0553**-9) Von U. Kolster, 112 S., 8 Farbt., kart. ●

Kochen mit Tofu
Die gesunde Alternative.
(**0894**-5) Von U. Kolster, 80 S., 8 Farbtafeln, kart. ●

Gesund kochen mit Keimen und Sprossen
(**0794**-9) Von M. Bustorf-Hirsch, 96 S., 4 Farbtafeln, 13 s/w-Zeichnungen, kart. ●

Keime und Sprossen in der Naturküche
(**4299**-X) Von M. Bustorf-Hirsch, 96 S., 144 Farbfotos, Pappband. ●●

Backen mit Lust und Liebe
(**4284**-1) Von M. Schumacher, R. Krake, 242 S., 348 Farbfotos, 18 farb. Vignetten, 3 vierseitige Ausklapptafeln, Pappband. ●●●●

Tortenträume und Kuchenfantasien
Gebackene Köstlichkeiten originell dekoriert und verziert.
(**0823**-6) Von F. Faist, 80 S., 150 Farbfotos, kart. ●●

Waffeln
Hörnchen, Pfannkuchen und Crêpes.
(**0522**-9) Von C. Stephan, 64 S., 8 Farbtafeln, kart. ●

Mehr Freude und Erfolg beim
Brotbacken
(**4148**-9) Von A. und G. Eckert, 160 S., 177 Farbfotos, Pappband. ●●●

Selbst Brotbacken
Über 50 erprobte Rezepte.
(**0370**-6) Von A. und G. Eckert, 80 S., 4 Zeichnungen, 4 Farbtafeln, kart. ●

Meine Vollkornbackstube
Brot · Kuchen · Aufläufe. (**0616**-0) Von R. Raffelt, 96 S., 4 Farbtafeln, 12 Zeichnungen, kart. ●

Mit Körnern, Zimt und Mandelkern
Vollkorngebäck
(**0816**-3) Von M. Bustorf-Hirsch, 48 S., 39 Farbfotos, Pappband. ●

Knusprig, kernig, urgesund **Vollkornbrot**
(**0938**-0) Von S. Reiter, 64 S., 46 Farbfotos, Pappband. ●

Weihnachtsbäckerei
Köstliche Plätzchen, Stollen, Honigkuchen und Festtagstorten.
(**0682**-9) Von M. Sauerborn, 32 S., 34 Farbfotos, Pappband. ●

Meine Weihnachtsbackstube
(**5163**-8) Von M. Sauerborn, 32 S., 23 Farbfotos, mit Vorlagebogen in Originalgröße, kart. ●

Süße Verführungen **Desserts**
(**0885**-6) Von M. Bacher, 64 S., 75 Farbfotos, Pappband. ●

Süße Geheimnisse eiskalt gelüftet
Eis und Sorbets
(**0870**-8) Von H. W. Liebheit, 48 S., 38 Farbfotos, Pappband. ●

Raffiniertes mit
Eis
Drinks/Desserts/Eissorten
(**1029**-X) Von. F. Hoffmann, 64 S., 74 Farbfotos, Pappband. ●

Zart schmelzende Versuchungen
Schokolade
(**0819**-8) Von J. Schroer, 48 S., 53 Farbfotos, Pappband. ●

Mitbringsel aus meiner Küche
selbst gemacht und liebevoll verpackt.
(**0668**-3) Von C. Schönherr, 32 S., 30 Farbfotos, Pappband. ●

Marmeladen, Gelees und Konfitüren
Köstlich wie zu Omas Zeiten – einfach selbstgemacht. (**0720**-5) Von M. Gutta, 32 S., 23 Farbfotos, 1 Zeichnung, Pappband. ●

Einkochen, Einlegen, Einfrieren
(**4055**-5) Von B. Müller, 152 S., 27 s/w.-Abb., 16 Farbtafeln, kart. ●●

Haltbarmachen in der Öko-Küche
Gesunde Konservierungsmethoden für Obst, Gemüse, Kräuter und Pilze. (**0923**-2) Von M. Bustorf-Hirsch, 120 S., 92 Farbabb., kart. ●●

Komm, koch und back mit mir
Kunterbuntes Kochvergnügen für Kinder.
(**4285**-X) Von S. und H. Theilig, illustriert von B. v. Hayek, 112 S., 45 Farbabb., Pappband. ●●

Kinder lernen spielend backen
(**5110**-7) Von M. Gutta, 64 S., 50 Farbfotos, Pappband. ● ●

Kinder lernen spielend kochen
Lieblingsgerichte mit viel Spaß selbst zubereitet
(**5096**-8) Von M. Gutta, 64 S., 45 Farbfotos, Pappband. ●●

Mit Lust und Liebe **Kalte Platten & Buffets**
Anrichten und Garnieren
(**4427**-5) Von P. Grotz, 176 S., 228 Farbfotos, Pappband. ●●●●

Garnieren und Verzieren
(**4236**-1) Von R. Biller, 160 S., 329 Farbfotos, 57 Zeichnungen, Pappband. ●●●

Köstlichkeiten für Gäste und Feste
Kalte Platten
(**4200**-0) Von I. Pfliegner, 160 S., 130 Farbfotos, Pappband. ●●●

Wenn Gäste kommen...
Kalte Küche
(**1060**-5) Von A. Ilies, 64 S., 49 Farbfotos, Pappband. ●

Fein und raffiniert
Canapés und kleine Köstlichkeiten
(**0963**-1) Von H. Imhof, 64 S., 53 Farbfotos, Pappband. ●

Festlich kochen und backen
für Advent und Weihnachten
(**4443**-7) Von A. Guter, 96 S., 66 Farbfotos, 1 s/w-Foto, Pappband. ●●

Der perfekt gedeckte Tisch
(**1028**-1) Von H. Tapper, 80 S., 161 Farbfotos, 13 Zeichnungen, kartoniert. ●●

Der schön gedeckte Tisch
Vom einfachen Gedeck bis zur Festtafel stimmungsvoll und perfekt arrangiert.
(**4246**-1) Von H. Tapper, 112 S., 206 Farbfotos, 21 s/w-Abbildungen, Pappband. ●●●

Servietten falten
80 Ideen für schön gedeckte Tische
(**1042**-7) Von M. Müller, O. Mikolasek, 80 S., 289 Farbfotos, 50 Zeichnungen, kartoniert. ●●

Phantasievolle Tischdekorationen selber machen
(**0984**-4) Von Y. Thalheim, H. Nadolny, 80 S., 174 Farbfotos, 21 Zeichnungen, kart. ●●

Tischkarten dekorativ gestalten
aus allerlei Material für viele Anlässe
(**0946**-1) Von H. York, 32 S., 108 Farbfotos, Pappband. ●

Servietten dekorativ falten
Geschmackvolle Anregungen aus Stoff und Papier. (**0804**-X) Von H. Tapper, 32 S., 134 Farbfotos, Pappband. ●

Tee für Genießer
Sorten · Riten · Rezepte. (**0356**-0) Von M. Nicolin, 64 S., 4 Farbtafeln, kart. ●

Weinlexikon
Wissenswertes über die Weine der Welt.
(**4149**-7) Von U. Keller, 228 S., 6 Farbtafeln, 395 s/w-Fotos, Pappband. ●●●

Weine und Säfte, Liköre und Sekt
selbstgemacht. (**0702**-7) Von P. Arauner, 232 S., 76 Abb., kart. ●●

Fruchtig, spritzig, eisgekühlt
Mixen ohne Alkohol
(**0935**-6) Von S. Späth, 64 S., 44 Farbfotos, Pappband. ●

Cocktails
(**4267**-1) Von W. R. Hoffmann, W. Hubert, U. Lottring, 160 S., 164 Farbfotos, 1 s/w-Foto, Pappband. ●●●

Cocktails und Mixereien
für häusliche Feste und Feiern. (**0075**-8) Von J. Walker, 96 S., 4 Farbtafeln, kart. ●

Neue Cocktails und Drinks
mit und ohne Alkohol. (**0517**-2) Von S. Späth, 128 S., 4 Farbtafeln, kart. ●

Die besten Punsche, Grogs und Bowlen
(**0575**-X) Von F. Dingden, 64 S., 4 Farbt., kart. ●

SLIM
Der neue, individuelle Schlankheitsplan
(**4277**-9) Von Prof. Dr. E. Menden, W. Aign 120 S., 440 Farbfotos, Pappband. ●●●

Schlank werden nach Dr. Hay **Trennkost**
Die bewährten Vollwert-Rezepte von Ursula Summ. (**4298**-1) Von U. Summ, 96 S., 54 Farbfotos, 1 Zeichnung, kart. ●●

Eßlust statt Diätfrust
Die Pfundskur
(**1102**-4) Von Prof. Dr. V. Pudel, 144 S., 8 s/w-Zeichnungen, 4 Vignetten, kartoniert. ●

Vitamine und Ballaststoffe
So ermittle ich meinen täglichen Bedarf
(**0746**-9) Von Prof. Dr. M. Wagner, I. Bongartz, 96 S., 6 Farbfotos, zahlreiche farb. Tabellen, kart. ●

Kalorien – Joule
Eiweiß · Fett · Kohlenhydrate tabellarisch nach gebräuchlichen Mengen. (**0374**-9) Von M. Bormio, 88 S., kart. ●

Hobby und Freizeit

Falken-Handbuch
Zeichnen und Malen
(**4167**-5) Von B. Bagnall, 336 S., 1154 Farbabb., Pappband. ●●●●●

Das große farbige PLAKA-Buch
Malen und Basteln
(**4402**-X) Von H.-J. Giesecke, 192 S., 224 Farbfotos, 20 Farb- und 4 s/w-Zeichnungen, Pappband. ●●●

Einmal grad und einmal krumm
Zeichenstunden für Kinder. (**0599**-7) Von H. Witzig, 144 S., 363 Abb. kart. ●

Punkt, Punkt, Komma, Strich
Zeichenstunden für Kinder
(**0564**-4) Von H. Witzig, 144 S., über 250 Zeichnungen, kart. ●

Figürliches Zeichnen
leicht gemacht
(**1010**-9) Von H. Witzig, 112 S., 462 Figuren, kartoniert. ●

Spielend zeichnen lernen mit den Montagsmalern
(**0974**-7) Von G. Lages, Sigi-Harreis, 112 S., 326 s/w-Zeichnungen, kartoniert. ●●

Kalligraphie
Die Kunst des schönen Schreibens
(**4263**-9) Von C. Hartmann, 120 S., 44 Farbvorlagen, 29 s/w-Vorlagen, 2 s/w-Zeichnungen, 38 Farbfotos, Pappband. ●●●●

Gestalten mit Schrift
Kalligraphie
(**1044**-3) Von I. Schade, 80 S., 2 Farb- und 1 s/w Foto, 143 Farbzeichnungen, kartoniert. ●●

Aquarellmalerei
als Kunst und Hobby (**4147**-0) Von H. Haack, B. Wersche, 136 S., 62 Farbfotos, 119 Zeichnungen, Pappband. ●●●●

Aquarellmalerei leicht gelernt
Materialien · Techniken · Motive.
(**0787**-6) Von T. Hinz, R. Braun, B. Zeidler, 32 S., 38 Farbfotos, 1 Zeichn., Pappband. ●

Hobby Aquarellmalen
Landschaft und Stilleben. (**0876**-7) Von I. Schade, A. Brück, 80 S., 111 Farbabb., kart. ●●

Hobby Ölmalerei
Landschaft und Stilleben. (**0875**-9) Von H. Kämper, I. Becker, 80 S., 93 Farbabb., kart. ●●

Hobby Bauernmalerei
(**0436**-2) Von S. Ramos und J. Roszak, 80 S., 116 Farbf. und 28 Motivvorlagen, kart. ●●

Bauernmalerei
Kreatives Hobby nach alter Volkskunst
(**5039**-9) Von S. Ramos, 64 S., 85 Farbfotos, Pappband. ●●

Seidenmalerei in Vollendung
(**4414**-3) Hrsg. von R. Smend, 160 S., 227 Farbfotos, 36 s/w-Fotos, geprägter Leineneinband mit Schutzumschlag, im Schuber, **DM 98,–**, S 784,–, Fr 90,20

Seidenmalerei als Kunst und Hobby
(**4264**-7) Von S. Hahn, 136 S., Farbabb., 1 s/w-Foto, Pappband. ●●●●

Hobby Seidenmalerei
(**0611**-X) Von R. Henge, 88 S., 106 Farbfotos, 28 Zeichnungen, kart. ●●

Neue zauberhafte Seidenmalerei
Motive und Anregungen aus der Natur.
(**0924**-0) Von R. Henge, 80 S., 148 Farbfotos, 27 s/w-Zeichnungen, kart. ●●

Kunstvolle Seidenmalerei
Mit zauberhaften Ideen zum Nachgestalten
(**0783**-3) Von I. Demharter, 32 S., 56 Farbfotos, Pappband. ●

Zauberhafte Seidenmalerei
Materialien · Techniken · Gestaltungsvorschläge. (**0664**-0) Von E. Dorn, 32 S., 62 Farbfotos, Pappband. ●

Aquarellieren auf Seide
Materialien · Techniken · Motive
(**0917**-8) Von I. Demharter, 32 S., 41 Farbfotos, Pappband. ●

Seidenmalerei Landschaften
(**5153**-0) Von D. Kosik, 32 S., 50 Farbfotos, 12 Zeichnungen, mit Vorlagebogen in Originalgröße, kart. ●

Seidenmalerei Kissen
(**5151**-4) Von I. Demharter, 32 S., 42 Farbfotos, 2 Zeichnungen, mit Vorlagebogen in Originalgröße, kart. ●

Seidenmalerei Blusen und T-Shirts
(**5184**-0) Von A. Keller, 32 S., 28 Farbfotos, 12 Zeichnungen, mit Vorlagebogen in Originalgröße, kartoniert. ●

Seidenmalerei Tücher und Schals
(**5152**-2) Von R. Henge, 32 S., 36 Farbfotos, 1 Zeichnung, mit Vorlagebogen in Originalgröße, kart. ●

Seidenmalerei Taschen und Gürtel
(**5194**-8) Von S. Tichy-Gibley, 32 S., 30 Farbfotos, 8 Farbzeichnungen, mit Vorlagebogen in Originalgröße, kartoniert. ●

Seidenmalerei Lampenschirme
(**5154**-9) Von I. Walter-Ammon, 32 S., 47 Farbfotos, 1 Zeichnung, mit Vorlagebogen in Originalgröße, kart. ●

Seidenmalerei Blüten, Blätter, Ranken
(**5165**-4) Von D. Kosik, 32 S., 35 Farbfotos, 4 Zeichnungen, mit Vorlagebogen in Originalgröße, kart. ●

Seidenmalerei Schmuckkarten und Miniaturbilder
(**5166**-2) Von I. Walter-Ammon, 32 S., 37 Farbfotos, 2 Zeichnungen, mit Vorlagebogen in Originalgröße, kart. ●

Seidenmalerei Bilder in Konturentechnik
(**5182**-4) Von I. Demharter, 32 S., 28 Farbfotos, 2 Zeichnungen, mit Vorlagebogen in Originalgröße, kartoniert. ●

Falken-Handbuch **Häkeln**
ABC der Häkeltechniken und Häkelmuster in ausführlichen Schritt-für-Schritt-Bildfolgen.
(**4194**-2) Von H. Fuchs, M. Natter, 288 S., 1073 Farbabb., Pappband. ●●●●

Das moderne Standardwerk von der Expertin
Perfekt Stricken
Mit Sonderteil Häkeln. (**4250**-2) Von H. Jaacks, 256 S., 703 Farbfotos, 169 Farb- und 121 s/w-Zeichnungen, Pappband. ●●●

Falken-Handbuch **Stricken**
ABC der Stricktechniken und Strickmuster in ausführlichen Schritt-für-Schritt-Bildfolgen. (**4137**-3) Von M. Natter, 312 S., 106 Farb- und 922 s/w-Fotos, 318 Zeichnungen, Pappband. ●●●●

Hobby Patchwork und Quilten
(**0768**-X) Von B. Staub-Wachsmuth, 80 S., 108 Farbabb., 43 Zeichnungen, kart. ●●

Hobby Applikationen
Materialien · Techniken · Modelle
(**0899**-6) Von H. Probst-Reinhardt, 80 S., 92 Farbfotos, 31 Zeichnungen, kart. ●●

Hobby Spitzencollagen
Bezaubernde Motive aus edlem Material
(**0847**-3) Von H. Westphal, 80 S., 186 Farbfotos, kart. ●●

Falken-Handbuch **Nähen**
Abc der Nähtechniken und kreative Modellschneiderei in ausführlichen Schritt-für-Schritt-Bildfolgen. (**4272**-8) Von A. Bree, 320 S., 1142 Abbildungen, Schnittmusterbogen für alle Modelle, Pappband. ●●●●

Marionetten
selbst bauen und führen
(**1043**-5) Von D. Köhnen, 80 S., 162 Farbfotos, mit Schnittmusterbogen, kartoniert. ●●

Zauberhafte alte Puppen
Sammeln · Restaurieren · Nachbilden
(**4255**-8) Von C.A. Stanton, J. Jacobs, 120 S., 157 Farbfotos, 24 Zeichnungen, Pappband. ●●●●

Selbstgestrickte Puppen
Materialien und Arbeitsanleitungen
(**0638**-1) Von B. Wehrle, 32 S., 21 Farbfotos, 24 Zeichnungen, Pappband. ●

Puppen zum Liebhaben
(**5199**-9) Von B. Wehrle, 32 S., 27 Farbfotos, 9 s/w-Zeichnungen, mit Vorlagebogen in Originalgröße, kartoniert. ●

Kuscheltiere stricken und häkeln
Arbeitsanleitungen und Modelle. (**0734**-5) Von B. Wehrle, 32 S., 60 Farbfotos, 28 Zeichnungen, Pappband. ●

Phantasiepuppen stricken und häkeln
Märchenhafte Modelle mit Arbeitsanleitungen. (**0813**-9) Von B. Wehrle, 32 S., 26 Farbfotos, 46 Zeichnungen, Pappband. ●

Teddybären
Sechs beliebte Modelle
(**5159**-X) Von Y. Thalheim, H. Nadolny, 32 S., 46 Farbfotos, 9 Zeichnungen, mit Vorlagebogen in Originalgröße, kart. ●

Heißgeliebte Teddybären
Selbermachen · Sammeln · Restaurieren.
(**0900**-3) Von H. Nadolny, Y. Thalheim, 80 S., 119 Farbfotos, 23 s/w-Zeichnungen, 14 S. Schnittmusterbogen, kart. ●●

Hobby Salzteig
(**0662**-4) Von I. Kiskalt, 80 S., 150 Farbfotos, 5 Zeichnungen, Schablonen, kart. ●●

Neue zauberhafte Salzteig-Ideen
(**0719**-1) Von I. Kiskalt, 80 S., 324 Farbfotos, 12 Zeichnungen, Schablonen, kart. ●●

Kreatives Gestalten mit Salzteig
Originelle Motive für Fortgeschrittene
(**0769**-8) Hrsg. I. Kiskalt, 80 S., 168 Farbfotos, kart. ●●

Originell und dekorativ
Salzteig mit Naturmaterialien
(**0833**-3) Von A. und H. Wegener, 80 S., 166 Farbfotos, kart. ●●

Salzteig kinderleicht
(**0973**-9) Von I. Kiskalt, 80 S., 224 Farbfotos, 8 Zeichnungen, kart. ●●

Töpfern
als Kunst und Hobby. (**4073**-3) Von J. Fricke, 132 S., 37 Farbfotos, 222 s/w-Fotos, Pappband. ●●●●

Kreatives Gestalten mit Ton
Töpfern ohne Scheibe – Aufbaukeramik
(**0896**-1) Von A. Riedinger, 80 S., 207 Farbfotos, 16 Zeichnungen, 7 Vignetten, kart. ●●

Kreatives Gestalten mit Ton
Töpfern auf der Scheibe
(**0971**-2) Von A. Riedlinger, 80 S., 28 Farb- und 3 s/w-Zeichng., 178 Farbfotos, kartoniert. ●●

Edles Porzellan
(**4437**-2) Von M. Lutze, Prof. E. Lessing, 160 S., 175 Farbfotos, Leineneinband, mit Schutzumschlag, im Schuber. ●●●●●

Hobby Glaskunst in Tiffany-Technik
(**0781**-7) Von N. Köppel, 80 S., 194 Farbfotos, 6 s/w-Abb., kart., ●●

Tiffany-Lampen selbermachen
Arbeitsanleitung · Materialien · Modelle
(**0684**-5) Von I. Spliethoff, 32 S., 60 Farbfotos, 19 Zeichnungen, Pappband. ◐

Fensterbilder in Tiffany-Technik
(**5168**-9) Von P. Matz, 32 S., 43 Farbfotos, mit Vorlagebogen in Originalgröße, kart. ●

Tiffany-Schmuck selbermachen
Materialien · Arbeitsanleitungen · Modelle
(**0871**-6) Von B. Poludniak, H. G. Scheib, 32 S., 55 Farbfotos, Pappband. ●

Tiffany-Technik
und andere kunstvolle Arbeiten in Glas
(**0972**-0) Von. D. Köhnen, 80 S., 176 Farbfotos, 5 s/w-Zeichnungen, kart. ●●

Tiffany-Gürtelschnallen
(**5160**-3) Von G.G. Scheib, R. Grella, 32 S., 52 Farbfotos, 1 Zeichnung, mit Vorlagebogen in Originalgröße, kart. ●

Schmuck, Accessoires und Dekoratives
aus Fimo modelliert. (**0873**-2) Von A. Aurich, 32. S., 54 Farbfotos, Pappband. ●

Modeschmuck mit Federn und Straß
(**5167**-0) Von J. Niemeier, 32 S., 41 Farbfotos, mit Vorlagebogen in Originalgröße, kart. ●

Modeschmuck selbst modellieren
(**5196**-4) Von K. Eichler, 32 S., 51 Farbfotos, mit Vorlagebogen in Originalgröße, kartoniert. ●

Modeschmuck in vielen Variationen
(**5180**-8) Von A. Hahn, 32 S., 39 Farbfotos, 3 Zeichnungen, mit Vorlagebogen in Originalgröße, kartoniert. ●

Exklusiver Modeschmuck
aus dem eigenen Atelier
(**0925**-9) Von J. Niemeier, J. Klein, 80 S., 141 Farbfotos, 25 Zeichnungen, kart. ●●

Masken
phantasievoll dekorieren
(**5155**-7) Von Chr. Familler, 32 S., 48 Farbfotos, mit Vorlagebogen in Originalgröße, kart. ●

Bastelspaß mit der Laubsäge
Mit Schnittmusterbogen für viele Modelle in Originalgröße. (**0741**-8) Von L. Giesche, M. Bausch, 32 S., 61 Farbfotos, 7 Zeichnungen, Schnittmusterbogen, Pappband. ●

Strohschmuck selbstgebastelt
Sterne, Figuren und andere Dekorationen
(**0740**-X) Von E. Rombach, 32 S., 60 Farbfotos, 17 Zeichnungen, Pappband. ●

Hobby Drachen
bauen und steigen lassen. (**0767**-1) Von W. Schimmelpfennig, 80 S., 1 dreiseitige Ausklapptafel, 55 Farbfotos, 139 Zeichnungen kart. ●●

Lenkdrachen
bauen und fliegen
(**1011**-7) Von W. Schimmelpfennig, 64 S., 51 Farbfotos und 126 Zeichnungen, kartoniert. ●●

Drachen
Einfache Modelle für Kinder
(**5156**-5) Von W. Schimmelpfennig, 32 S., 11 Farbfotos, 31 Zeichnungen, mit Vorlagebogen in Originalgröße, kart. ●

Das große farbige
Bastelbuch für Kinder
(**4254**-X) Von U. Barff, I. Burkhardt, J. Maier. 224 S., 157 Farbfotos, 430 Farb- und 60 s/w-Zeichnungen, mit Schnittmusterbogen, Pappband. ●●●

Hobby Origami
Papierfalten für groß und klein
(**0756**-6) Von Z. Aytüre-Scheele, 80 S., 820 Farbfotos, kart. ●●

Neue zauberhafte Origami-Ideen
Papierfalten für groß und klein
(**0805**-8) Von Z. Aytüre-Scheele, 80 S., 720 Farbfotos, kart. ●●

Zauberwelt Origami
Tierfiguren aus Papier
(**1045**-1) Von Z. Aytüre-Scheele, 80 S., 660 Farbfotos, kartoniert. ●●

Origami –
Die Kunst des Papierfaltens. (**0280**-7) Von R. Harbin, 112 S., 633 Zeichnungen, 9 Fotos, kart. ●

Heut basteln wir mit Pappe und Papier
(**4413**-5) Von U. Barff, J. Maier, 224 S., 117 Farbfotos, 480 Farbzeichnungen, 25 s/w-Abbildungen, mit Schnittmusterbogen, Pappband. ●●●

Das große farbige Bastel- und Werkbuch
(**4439**-9) Von D. Rex, 256 S., 999 Farbfotos, 33 Farbzeichnungen, Pappband. ●●●●

Schritt für Schritt zum Scherenschnitt
Materialien · Techniken · Gestaltungsvorschläge. (**0732**-9) Von H. Klingmüller, 32 S., 38 Farbfotos, 34 Vorlagen, Pappband. ●

Fensterbilder in Scherenschnitt
(**5169**-7) Von A. Hahn, 32 S., 52 Farbfotos, 3 s/w-Fotos, mit Vorlagebogen in Originalgröße, kart. ●

Fensterbilder aus Papier
(**5158**-1) Von E. Rüscher, 32 S., 39 Farbfotos, 5 Zeichnungen, mit Vorlagebogen in Originalgröße, kart. ●

Fensterbilder
Meine Lieblingstiere
(**5197**-2) Von Y. Thalheim, H. Nadolny, 32 S., 38 Farbfotos, mit Vorlagebogen in Originalgröße, kartoniert. ●

Die schönsten Fensterbilder
(**1066**-4) Von C. Kimmerle, 64 S., 100 Farbfotos, kartoniert. ●●

Perfekte Fensterbilder
(**4470**-4) Von S. Haenitsch-Weiß, A. Weiß, 8 vierfarbige Bogen 280-g-Karton mit Stanzung + 16 S. zweifarbige Ein/Anleitung. ●●

Märchenhafte Fensterbilder
(**5185**-9) Von J. Maier, 32 S., 37 Farbfotos, mit Vorlagebogen in Originalgröße, kartoniert. ●

Fensterbilder Blumen und Tiere
(**5186**-7) Von M. Twachtmann, 32 S., 41 Farbfotos, 3 Zeichnungen, mit Vorlagebogen in Originalgröße, kartoniert. ●

Papierflieger
(**5157**-3) Von T. Gött, 32 S., 73 Farbfotos, 19 Zeichnungen, mit Vorlagebogen in Originalgröße, kart. ●

Mobiles aus Papier
(**5183**-2) Von J. Maier, 32 S., 17 Farbfots, 35 Farbzeichnungen, mit Vorlagebogen in Originalgröße, kartoniert. ●

Schachteln basteln und dekorieren
(**5170**-0) Von Chr. Adjano, 32 S., 55 Farbfotos, mit Vorlagebogen in Originalgröße, kart. ●

Die große Schachtelparade
(**4438**-0) Von Present Team, 16 vierfarbige Bogen 250-g-Karton mit Schachtelstanzung mit 4 S. Einleitung. ●●●

Deco Art
Die Kunst, Geschenke zu verpacken
(**0949**-6) Von B. Niermann, 80 S., 78 Farbfotos, 191 Zeichnungen, kart. ●●

Geschenkeverpacken für Kinderfeste
(**5195**-6) Von C. Netolitzky, 32 S., 43 Farbfotos, mit Vorlagebogen in Originalgröße, kartoniert. ●

Bunte Dekorationen für den Kindergeburtstag
Mit Spielanleitung zum Fest der Tiere
(**4471**-2) Von S. Haenitsch-Weiß, A. Weiß, 8 vierfarbige Bogen 280-g-Karton mit Stanzung + 16 S., zweifarbige Ein/Anleitung. ●●

Originelles Ambiente für Gäste
Festdekorationen
(**1049**-4) Von B. Niermann, 80 S., 125 Farbfotos, 59 Farbzeichng., kartoniert. ●●

Dekorieren und Arrangieren mit
Seidenblumen
(**5200**-6) Von M. L. Spang, 32 S., 37 Farbfotos, 14 Farbzeichnungen, mit Vorlagebogen in Originalgröße, kartoniert. ●

Tischkarten dekorativ gestalten
aus allerlei Material für viele Anlässe
(**0946**-1) Von H. York, 32 S., 108 Farbfotos, Pappband. ●

Glückwunschkarten
(**5179**-4) Von A. Kolb, B. Michel, 32 S., 54 Farbfotos, mit Vorlagebogen in Originalgröße, kartoniert. ●

Altes Brauchtum neu entdeckt
Schmuck-Eier
Kunstvoll gestalten und verzieren. (**0919**-4) Von I. Kiskalt, 32 S., 45 Farbfotos, 3 s/w-Zeichnungen, Pappband. ●

Dekorationen für Ostern
(**5198**-0) Von Y. Thalheim, H. Nadolny, 32 S., 48 Farbfotos, mit Vorlagebogen in Originalgröße, kartoniert. ●

Basteln für Ostern
(**5164**-6) Von Chr. Adjano, 32 S., 47 Farbfotos, mit Vorlagebogen in Originalgröße, kart. ●

Weihnachtsgeschenke schön verpacken
Schachteln · Dekorationen · Geschenkpapiere
(**4469**-0) Von Present Team, 10 vierfarbige Bogen 250-g-Karton mit Stanzung, 4 Bogen Geschenkpapier + 4 S. Einleitung. ●●●

Alle Jahre wieder…
Advent und Weihnachten
Basteln, Backen, Schmücken, Singen, Vorlesen, Feiern
(**4260**-4) Von H. und Y. Nadolny, 256 S., 105 Farbfotos, 130 Zeichn., Pappband. ●●●

Basteln und dekorieren für
Advent und Weihnachten
(**4446**-1) Von G. Teusen, C. Netolitzky, 176 S., 285 Farbfotos, mit Bastelvorlagebogen, Pappband. ●●●

Basteln für Weihnachten
(**5162**-X) Von Chr. Adjano, 32 S., 44 Farbfotos, mit Vorlagebogen in Originalgröße, kart. ●

Fensterdekorationen für die Weihnachtszeit
(**5181**-6) Von Y. Thalheim, H. Nadolny, 32 S., 33 Farbfotos, mit Vorlagebogen in Originalgröße, kartoniert. ●

Adventskalender
(**5178**-6) Von Y. Thalheim, H. Nadolny, 32 S., 35 Farbfotos, mit Vorlagebogen in Originalgröße, kartoniert. ●

Weihnachtsbasteleien
Advents- und Weihnachtsschmuck für groß und klein
(**0667**-5) Von M. Kühnle und S. Beck, 32 S., 56 Farbfotos, 6 Zeichnungen, Pappband. ●

Feuerzeichen behaglicher Wohnkultur
Kachelöfen, Kamine und Kaminöfen
(**4288**-4) Hrsg. von C. Berninghaus. Von R. Heinen, G. Kosicek, H.P. Sabborrosch, 168 S., 291 Farbfotos, 2 s/w-Fotos, 8 Zeichnungen, Pappband. ●●●●

Falken Handbuch
Heimwerken
Reparieren und Selbermachen im Haus und Wohnung – über 1100 Farbfotos. Praktische Tips vom Profi: Selbermachen, Reparieren, Renovieren, Kostensparen. (**4117**-9) Von Th. Pochert, 440 S., 1103 Farbfotos, 100 ein- und zweifarbige Abb., Pappband. ●●●●

Restaurieren von Möbeln
Stilkunde, Materialien, Techniken, Arbeitsanleitungen in Bildfolgen.
(**4120**-9) Von E. Schnaus-Lorey, 152 S., 37 Farbfotos, 75 s/w-Fotos, 352 Zeichnungen, Pappband. ●●●●

Möbel aufarbeiten, reparieren und pflegen
(**0386**-2) Von E. Schnaus-Lorey, 96 S., 28 Fotos, 101 Zeichnungen, kart. ●

FALKEN-Heimwerker-Praxis
Kleinmöbel aus Holz
(**0905**-4) Von O. Maier, 128 S., 210 Farbfotos, 80 Zeichnungen, kart. ●●

FALKEN-Heimwerker-Praxis
Anstreichen und Lackieren
(**0771**-X) Von P. Müller, 120 S., 196 Farbfotos, 2 s/w-Fotos, 3 Zeichnungen, kart. ●●

FALKEN-Heimwerker-Praxis
Elektroarbeiten
(**0975**-5) Von K.H. Schubert, 120 S., 193 Farbfotos, 40 Zeichnungen, kart. ●●

Falken-Heimwerker-Praxis
Mofa- und Moped-Reparaturen
(**1008**-7) Von T. Kohlmey, 128 S., 280 Farbabbildg. und Zeichng., kartoniert. ●●

FALKEN-Heimwerker-Praxis
Fahrrad-Reparaturen
(**0796**-5) Von R. van der Plas, 112 S., 140 Farbfotos, 113 farbige Zeichnungen, kart. ●●

Ikebana
Einführung in die japanische Kunst des Blumensteckens. (**0548**-2) Von G. Vocke, 152 S., 47 Farbfotos, kart. ●●

Blütenbilder aus Blumen und Blättern
Phantasievolle Naturcollagen
(**0872**-4) Von G. Schamp, 32 S., 57 Farbfotos, 1 Zeichnung, Pappband. ●

Hobby Gewürzsträuße
und zauberhafte Gebinde nach Salzburger Art. (**0726**-4) Von A. Ott, 80 S., 101 Farbfotos, 51 farbige Zeichnunen, kart. ●●

Hobby Trockenblumen
Gewürzsträuße, Gestecke, Kränze, Buketts. (**0643**-8) Von R. Strobel-Schulze, 88 S., 170 Farbfotos, kart. ●●

Neue zauberhafte Trockenblumen-Ideen
(**0821**-X) Von R. Strobel-Schulze, 80 S., 163 Farbfotos, kart. ●●

Phantasievolles Schminken
Verzauberte Gesichter für Maskeraden, Laienspiele und Kinderfeste
(**0907**-0) Hrsg.: H. u. Y. Nadolny, 64 S., 227 Farbfotos, kartoniert. ●●

Schminken für Kinder
(**5177**-8) Von Y. Thalheim, H. Nadolny, 32 S., 68 Farbfotos, mit Vorlagebogen in Originalgröße, kartoniert. ●

Mit vollem Genuß **Pfeife rauchen**
Alles über Tabaksorten, Pfeifen und Zubehör
(**4227**-2) Von H. Behrens, H. Frickert, 168 S., 127 Farbfotos, 18 Zeichn., Pappband. ●●●●

Pfeiferauchen leicht gemacht
Die richtige Art, Tabak zu genießen
(**1026**-5) Von O. Pollner, 112 S., 125 Farbfotos, 5 zweifarbige-Abb., kart. ●●

Münzen
Ein Brevier für Sammler. (**0353**-6) Von E. Dehnke, 128 S., 4 Farbtafeln, 17 s/w-Abb., kart. ●●

Die Fazination der Philatelie
Briefmarken sammeln
(**4273**-6) Von D. Stein, 212 S., 124 s/w-Fotos, 24 Farbtafeln, Pappband. ●●●

Briefmarken sammeln
(**0481**-8) Von D. Stein. 120 S., 4 Farbtafeln, 98 s/w-Abb., kart. ●

Freizeit mit dem Mikroskop
(**0291**-2) Von M. Deckart, 132 S., 8 Farbtafeln, 64 s/w-Abb., 2 Zeichnungen, kart. ●●

Astronomie im Bild
Unser Sternenhimmel rund ums Jahr
(**0849**-X) Von Dr. E. Übelacker, 88 S., 48 Farbfotos, 1 s/w-Foto, 68 Farbzeichn., kart. ●●

Astronomie als Hobby
Sternbilder und Planeten erkennen und benennen. (**0572**-5) Von D. Block, 176 S., 16 Farbtafeln, 49 s/w-Fotos, 93 Zeichnungen, kart. ●●

Moderne Fotopraxis
(**4401**-1) Von G. Koshofer, Prof. H. Wedewardt, 224 S., 363 Farbfotos, 106 s/w-Fotos, 5 Farb- und 24 s/w-Zeichnungen, Pappband. ●●●

Mach dir ein Bild
Praxistips für Foto, Film und Video
(**4410**-0) Von G. Staab, 208 S., 202 Farbfotos, 175 s/w-Fotos, 1 Zeichnung, Pappband. ●●●

So macht man bessere Fotos
Das meistverkaufte Fotobuch der Welt
(**0614**-4) Von M. L. Taylor, 192 S., 457 Farbfotos, 8 s/w-Fotos, 7 Zeichnungen, kart. ●●

Aktfotografie
Interpretationen zu einem unerschöpflichen Thema. Gestaltung · Technik · Spezialeffekte. (**0737**-X) Von H. Wedewardt, 88 S., 144 Farb- und 6 s/w-Fotos, 6 Zeichnungen, kart. ●●

Videografieren
Filmen mit Video 8. Technik – Bildgestaltung – Schnitt – Vertonung. (**0843**-0) Von M. Wild, K. Möller, 120 S., 101 Farbfotos, 22 s/w-Fotos, 52 Zeichnungen, kart. ●●

Videografieren perfekt
Profitricks für Aufnahmetechnik und Nachbearbeitung
(**0969**-0) Von W. Schild, 120 S., 144 Farbabb., 5 s/w-Zeichnungen, kart. ●●●

Schmalfilmen
Ausrüstung · Aufnahmepraxis · Schnitt · Ton. (**0342**-0) Von U. Ney, 108 S., 4 Farbtafeln, 25 s/w-Fotos, kart. ●

Anlagenbau in Modultechnik
für Modelleisenbahnen und Dioramen. (**0845**-7) Von J. Thal, 104 S., 68 Farbfotos, 28 Zeichnungen, kart. ●●●

Kleine Welt auf Rädern
Das faszinierende Spiel mit **Modelleisenbahnen** (**4175**-6) Von F. Eisen, 256 S., 72 Farb- und 180 s/w-Fotos, 25 Zeichnungen, Pappband. ●●●

Elektronik als Hobby
Von der Grundlagenschaltung zum integrierten Schaltkreis
Mit 8 wichtigen Universalplatinen
(**4293**-0) Von W. Priesterath, 264 S., 80 s/w-Fotos, 128 Zeichn., Pappband. ●●●

Die Super-Sportwagen der Welt
(**4423**-2) Von H.G. Isenberg, 194 S., 184 Farbfotos, 4 farbige Ausklapptafeln, 32 s/w-Fotos, Pappband. ●●●●

Die Super Oldtimer der Welt
(**4465**-8) Von H. G. Isenberg, 194 S., 161 Farb- und 36 s/w-Fotos, 4 Ausklapptafeln, Pappband. ●●●●

Die Super-Trucks der Welt
(**4257**-4) Von H. G. Isenberg, 194 S., 205 Farbfotos, 87 s/w-Fotos, 7 Farbzeichnungen, 4 farb. Ausklapptafeln, Pappband. ●●●●

Die Super-Motorräder der Welt
(**4193**-4) Von H. G. Isenberg, 192 S., 170 Farb- und 100 s/w-Fotos, 8 Zeichnungen, Pappband. ●●●●

Die Super-Eisenbahnen der Welt
(**4287**-6) Von W. Kosak, H. G. Isenberg, 224 S., 269 Farbfotos, 79 s/w-Fotos, 8 Vignetten, 5 farb. Ausklapptafeln, Pappband. ●●●●

Sport und Fitneß

Neue Lehrmethoden der Judo-Praxis
(**0424**-9) Von P. Herrmann, 223 S., 475 Abb., kart. ●●

Judo
Grundlagen - Methodik. (**0305**-6) Von M. Ohgo, 208 S., 1025 Fotos, kart. ●●

Fußwürfe
für Judo, Karate und Selbstverteidigung. (**0439**-7) Von H. Nishioka, übers. von H.J. Heese, 96 S., 260 Abb., kart. ●●

Modernes Karate
Das große Standardwerk mit 2279 Abbildungen. (**4280**-9) Von T. Okazaki, Dr. med. M. V. Stricevic, übers. von M. Pabst, 376 S., 2279 s/w-Abb., Pappband. ●●●●●

Nakayamas Karate perfekt 1
Einführung. (**0487**-7) Von M. Nakayama, 136 S., 605 s/w-Fotos, kart. ●●

Nakayamas Karate perfekt 2
Grundtechniken. (**0512**-1) Von M. Nakayama, 136 S., 354 s/w-Fotos, 53 Zeichn., kart. ●●

Nakayamas Karate perfekt 3
Kumite 1: Kampfübungen. (**0538**-5) Von M. Nakayama, 128 S., 424 s/w-Fotos, kart. ●●

Nakayamas Karate perfekt 4
Kumite 2: Kampfübungen. (**0547**-4) Von M. Nakayama, 128 S., 394 s/w-Fotos, kart. ●●

Nakayamas Karate perfekt 5
Kata 1: Heian, Tekki. (**0571**-7) Von M. Nakayama, 144 S., 1229 s/w-Fotos, kart. ●●

Nakayamas Karate perfekt 6
Kata 2: Bassai-Dai, Kanku-Dai, (**0600**-4) Von M. Nakayama, 144 S., 1300 s/w-Fotos, 107 Zeichnungen, kart. ●●

Nakayamas Karate perfekt 7
Kata 3: Jitte, Hangetsu, Empi. (**0618**-7) Von M. Nakayama, 144 S., 1988 s/w-Fotos, 105 Zeichnungen, kart. ●●

Nakayamas Karate perfekt 8
Gankaku, Jion. (**0650**-0) Von M. Nakayama, 144 S., 1174 s/w-Fotos, 99 Zeichnungen, kart. ●●

Karate für alle
Karate-Selbstverteidigung in Bildern. (**0314**-5) Von A. Pflüger, 104 S., 323 s/w-Fotos, kart. ●●

Fit mit **Karate**
(**2308**-1) Von A. Pflüger, 96 S., 134 Farbfotos, 4 s/w-Zeichnungen, kart. ●●

25 Shotokan-Katas
Auf einen Blick: Karate-Katas für Prüfungen und Wettkämpfe. (**0859**-7) Von A. Pflüger, 88 S., 185 s/w-Abb., 24 ganzseitige Tafeln mit über 1.600 Einzelschritten, kart. ●●

Kontakt-Karate
Ausrüstung · Technik · Training. (**0396**-X) Von A. Pflüger, 112 S., 238 s/w-Fotos, kart. ●●

Bo-Karate
Habo-Jitsu – die Techniken des Stockkampfes. (**0447**-8) Von G. Stiebler, 176 S., 424 s/w-Fotos, 38 Zeichnungen, kart. ●●

Karate 1
Einführung · Grundtechniken. (**0227**-0) Von A. Pflüger, 144 S., 195 s/w-Fotos, 120 Zeichnungen, kart. ●

Karate 2
Kombinationstechniken · Katas. (**0239**-4) Von A. Pflüger, 176 S., 452 s/w-Fotos und Zeichnungen,kart. ●

Karate Kata 1
Heian 1–5, Tekki 1, Bassai Dai. (**0683**-7) Von W.-D. Wichmann, 164 S., 703 s/w-Fotos, kart. ●●

Karate Kata 2
Jion, Empi, Kanku-Dai, Hangetsu. (**0723**-X) Von W.-D. Wichmann, 140 S., 661 s/w-Fotos, 4 Zeichnungen, kart. ●●

Der König des Kung-Fu
Bruce Lee
Sein Leben und Kampf. (**0392**-7) Von L. Lee, 136 S., 104 s/w-Fotos, kart. ●●

Bruce Lees Kampfstil 1
Grundtechniken. (**0473**-7) Von B. Lee, M. Uyehara, 109 S., 220 Abb., kart. ●

Bruce Lees Kampfstil 2
Selbstverteidigungs-Techniken. (**0486**-9) Von B. Lee, M. Uyehara, 128 S., 310 Abb., kart. ●

Bruce Lees Kampfstil 3
Trainingslehre. (**0503**-2) Von B. Lee, M. Uyehara, 112 S., 246 Abb., kart. ●

Bruce Lees Kampfstil 4
Kampftechniken (**0523**-7) Von B. Lee, M. Uyehara, 104 S., 211 Abb., kart. ●

Kung-Fu 1
Legende · Philosophie · Grundtechniken (**0891**-0) Von Chr. Yim, 152 S., 401 s/w-Fotos, 2 s/w-Zeichnungen, kart. ●●

Kung-Fu und Tai-Chi
Grundlagen und Bewegungsabläufe. (**0367**-6) Von B. Tegner, 182 S., 370 s/w-Fotos, kart. ●●

Kung-Fu
Grundlagen · Bewegungsabläufe · Körperschule. (**0376**-5) Von M. Pabst, 160 S., 330 Abb., kart. ●●

Bruce Lees Jeet Kune Do
(**0440**-0) Von B. Lee, 192 S., mit 105 eigenhändigen Zeichnungen von B. Lee, kart. ●●

Shaolin-Kempo – Kung-Fu
Chinesisches Karate im Drachenstil. (**0395**-1) Von R. Czerni, K. Konrad, 246 S., 723 Abb., kart. ●●

Kickboxen
Fitneßtraining und Wettkampfsport. (**0795**-7) Von G. Lemmens, 96 S., 208 s/w-Fotos, 23 Zeichnungen, kart. ●●

Ninja 1
Die Lehre der Schattenkämpfer. (**0758**-2) Von S.K. Hayes, übers. von J. Schmit, 144 S., 137 s/w-Fotos, kart. ●●

Ninja 2
Die Wege zum Shoshin (**0763**-9) Von S.K. Hayes, übers. von J. Schmit, 160 S., 309 s/w-Fotos, 2 Zeichnungen, kart. ●●

Ninja 3
Der Pfad des Togakure-Kämpfers. (**0764**-7) Von S.K. Hayes, übers. von J. Schmit, 144 S., 197 s/w-Fotos, 2 Zeichnungen, kart. ●●

Ninja 4
Das Vermächtnis der Schattenkämpfer (**0807**-4) Von S.K. Hayes, übers. von J. Schmit, 196 S., 466 s/w-Fotos, kart. ●●

Taekwondo perfekt 1
Die Formenschule bis zum Blaugurt (**0890**-2) Von K. Gil, Kim Chul-Hwan, 176 S., 439 s/w-Fotos, 107 Zeichnungen, kart. ●●

Taekwondo perfekt 2
Die Formenschule vom Blau- bis zum Schwarzgurt
(**0976**-3) Von K. Gil, K. Chul-Hwan, 192 S., 461 s/w-Fotos, 112 Zeichnungen, kart. ●●

Taekwondo perfekt 3
(**1068**-0) Von K. Gil, K. Chul-Hwan, 200 S., 429 s/w-Fotos, kartoniert. ●●

Illustriertes Handbuch des Taekwondo
Koreanische Kampfkunst und Selbstverteidigung. (**4053**-9) Von K. Gil, 248 S., 1026 Abb., Pappband. ●●●

Taekwon-Do
Koreanischer Kampfsport. (**0347**-1) Von K. Gil, 152 S., 408 Abb., kart. ●●

Ju-Jutsu als Wettkampf
(**0826**-0) Von G. Kulot, 168 S., 418 s/w-Fotos, 2 Zeichnungen, kart. ●●

Ju-Jutsu 1
Grundtechniken - Moderne Selbstverteidigung. (**0276**-9) Von W. Heim, F.J. Gresch, 164 S., 450 s/w-Fotos, 8 Zeichn., kart. ●

Ju-Jutsu 2
für Fortgeschrittene und Meister. (**0378**-1) Von W. Heim, F. J. Gresch, 160 S., 798 s/w-Fotos, kart. ●●

Ju-Jutsu 3
Spezial-, Gegen- und Weiterführungs-Techniken · Stockkampfkunst. (**0485**-0) Von W. Heim, F.J. Gresch, 200 S., über 600 s/w-Fotos, kart. ●●

Aikido
Lehren und Techniken des harmonischen Weges. (**0537**-7) Von R. Brand, 280 S., 697 Abb., kart. ●●

Hap Ki Do
Koreanische Selbstverteidigung nach dem Lehrsystem des Großmeisters. (**0379**-X) Von Kim Sou Bong, 112 S., 152 Abb., kart. ●●

Dynamische Tritte
Grundlagen für den Zweikampf. (**0438**-9) Von C. Lee, 96 S., 398 s/w-Fotos, 10 Zeichnungen, kart. ●●

Selbstverteidigung
Abwehrtechniken für Sie und Ihn (**0853**-8) Von E. Deser, 96 S., 259 s/w-Fotos, kart. ●

Die Faszination athletischer Körper
Bodybuilding
mit Weltmeister Ralf Möller. (**4281**-7) Von R. Möller, 128 S., 169 Farbfotos, 14 s/w-Fotos, 1 Farbzeichn., Pappband. ●●●●

Bodyshaping · Bodybuilding
Mit Anja Albrecht zur Idealfigur. (**4405**-4) Von A. Albrecht, 128 S., 164 Farbfotos, 4 s/w-Fotos, 1 Farb- und 1 s/w-Zeichnung, Pappband. ●●●●

Ladyfitneß
Das neue Körperbewußtsein der Frau
Bodyshaping · Körperpflege · Ernährung · Entspannung
(**4433**-X) Von Prof. Dr. S. Starischka, B. Grabis, D. von Gramm, G.W. Kienitz, ca. 128 S., ca. 113 Farbfotos, Pappband. ●●●

Bodybuilding für Frauen
Wege zu Ihrer Idealfigur (**0661**-6) Von H. Schulz, 112 S., 84 s/w-Fotos, 4 Zeichnungen, kart. ●

Fit mit **Bodybuilding**
(**2314**-6) Von L. Spitz, 112 S., 203 Farbabbildungen, 10 Tabellen. ●●

Bodybuilding Anleitung zum Muskel- und Konditionstraining für sie und ihn. (**0604**-7) Von R. Smolana, 160 S., 171 s/w-Fotos, kart. ●

Hanteltraining zu Hause
(**0800**-7) Von W. Kieser, 80 S., 71 s/w-Fotos, 4 Zeichnungen, kart. ●

Leistungsfähiger durch Krafttraining
Eine Anleitung für Fitness-Sportler, Trainer und Athleten (**0617**-9) Von W. Kieser, 96 S., 20 s/w-Fotos, 62 Zeichnungen, kart. ●

Fit und gesund
Fitneßtraining und Bodybuilding zu Hause. Trainingsprogramme für Ihr Wohlbefinden. (**0782**-5) Von Prof. Dr. S. Starischka, 80 S., 100 Farbfotos, 3 Zeichnungen, kart. ●●

Optimale Ernährung
für Krafttraining und Budybuilding. (**0912**-7) Von B. Dahmen, 88 S., 8 Farbtafeln, 8 Zeichnungen, kart. ●

Fit mit **Bio-Training**
für Kraft, Ausdauer und Schnelligkeit (**2310**-3) Von L. Spitz, 112 S., 197 Farbfotos, 11 Farb- und 4 s/w-Zeichnungen, kart. ●●

Top-Form im Sport
Ernährungs-Training
Das Erfolgsprogramm für den Ausdauersportler. (**0945**-3) Von M. Inzinger, Dipl.-Oec. troph. G. Wagner, 160 S., 31 Farbzeichnungen, 16 Grafiken, kart. ●●

Gesund und fit durch **Konditionstraining und Wirbelsäulengymnastik**
(**0844**-9) Von R. Milser u. K. Grafe, 104 S., 99 Farbfotos, 12 Farbzeichnungen, 5 s/w-Zeichnungen, kart. ●●

Fit mit **Tai Chi**
als sanfte Körpererfahrung (**2305**-7) Von B. u. K. Moegling, 112 S., 121 Farbfotos, 6 Farb- u. 4 s/w-Zeichnungen, kart. ●●

Isometrisches Training
Übungen für Muskelkraft und Entspannung. (**0529**-6) Von L. M. Kirsch, 140 S., 162 s/w-Fotos, kart. ●●

Stretching
Mit Dehnungsgymnastik zu Entspannung. Geschmeidigkeit und Wohlbefinden. (**0717**-5) Von H. Schulz, 80 S., 90 s/w-Fotos, kart. ●

Fit mit **Stretching**
(**2304**-9) Von B. Kurz, 96 S., 255 Farbfotos, kart. ●●

Gesund und fit durch Gymnastik
(**0366**-8) Von H. Pilss-Samek, 88 S., 130 Abb., kart. ●

Fit und frisch
Gymnastik für die ganze Familie (**6501**-9) Von G. Sieber, 104 S., 306 Farbfotos, 5 Farbzeichnungen, kart., mit Audiokassette, Laufzeit 30 Min., ●●●

Fit mit Frank Elstner
Das neue Aktiv-Programm (**4430**-5) Hrsg. von Frank Elstner, fachl. Mitarbeiter Prof. Dr. S. Starischka u. a., 184 S., 215 Farbfotos, 72 Zeichnungen, 8 farbige Grafiken. ●●●●

Fit mit **Laufen**
(**2315**-4) Von W. Sonntag, 96 S., 60 Farbfotos, 8 Farbzeichnungen, kart. ●●

Spaß am Laufen
Jogging für die Gesundheit. (**0470**-2) Von W. Sonntag. 140 S., 41 s/w-Fotos, 1 Zeichnung, kart. ●

Fit mit **Sportschießen**
(**2312**-X) Von H. Gabelmann, ca. 112 S., ca. 100 Farbabbildungen, kart. ●●

Fechten
Florett · Degen · Säbel. (**0449**-4) Von E. Beck, 88 S., 185 Fotos, 10 Zeichnungen, kart. ●●

Fit mit **Sportabzeichen**
(**2307**-3) Von G. Hennige, 104 S., 107 Farbfotos, kart. ●●

Volleyball
Technik · Taktik · Regeln. (**0351**-X) Von H. Huhle, 104 S., 330 Abb., kart. ●

Fit mit **Volleyball**
(**2302**-2) Von Dr. A. Scherer, 104 S., 27 Farb- und 1 s/w-Foto, 12 Farb- und 29 s/w-Zeichnungen, kart. ●●

Fit mit **Fußball**
(**2309**-X) Von H. Obermann, P. Walz, 112 S., 47 Farbfotos, 18 Farb- und 25 s/w-Zeichnungen, kart. ●●

Handball
Technik · Taktik · Regeln. (**0426**-5) Von F. und P. Hattig, 128 S., 91 s/w-Fotos, 121 Zeichnungen, kart. ●●

Die neue Tennis-Praxis
Der individuelle Weg zu erfolgreichem Spiel. (**4097**-0) Von R. Schönborn, 240 S., 202 Farbzeichnungen, 31 s/w-Abb., Pappband. ●●●●

Tennis
Technik · Taktik · Regeln. (**0375**-7) Von W. u. S. Taferner, 112 S., 81 Abb., kart. ●

Tischtennis-Technik
Der individuelle Weg zu erfolgreichem Spiel. (**0775**-2) Von M. Perger, 144 S., 296 Abb. kart. ●●

Badminton
Technik · Taktik · Training. (**0699**-3) Von K. Fuchs, L. Sologub, 168 S., 51 Abb., kart., ●●

Squash
Ausrüstung · Technik · Regeln. (**0539**-3) Von D. von Horn, H.-D. Stünitz, 96 S., 55 s/w-Fotos, 25 Zeichnungen, kart. ●

Fit mit **Squash**
(**2311**-1) Von P. Langhammer, R. Michna, 96 S., 86 Farbfotos, 13 Farbzeichnungen, kart. ●●

Eishockey
Lauf- und Stocktechnik, Körperspiel, Taktik, Ausrüstung und Regeln. (**0414**-1) Von J. Čapla, 264 S., 548 s/w-Fotos, 163 Zeichnungen, kart. ●●

Golf
Ausrüstung und Technik. (**0343**-9) Von J.C. Jessop, übersetzt von H. Biemer, mit einem Vorwort von H. Krings, Präsident des Deutschen Golf-Verbandes, 96 S., 57 Abb., Anhang Golfregeln des DGV, kart. ●●

Pool-Billard
(**0484**-2) Herausgegeben vom Deutschen Pool-Billard-Bund. Von M. Bach, K.-W. Kühn, 104 S., 64 Abb., kart. ●

Tanzstunde
Das Welttanzprogramm leicht gelernt (**4409**-2) Von G. Hädrich, 164 S., 489 s/w-Fotos, 63 Zeichnungen, Pappband. ●●●

Wir lernen tanzen
Standard- und lateinamerikanische Tänze (**0200**-9) Von E. Fern, 152 S., 119 s/w-Fotos, 47 Zeichnungen, kart. ●

Fit mit **Tanzen**
(**2303**-0) Von K. Richter, H. Kleinow, 96 S., 102 Farbfotos, kart. ●●

Dancing
Moderne Discotänze: mit Mambo und Salsa (**0977**-1) Von B. und F. Weber, 96 S., 207 s/w-Fotos, kart. ●●

Jive
(**5174**-3) Von Peter Wolff, 32 S., 66 Farbfotos, 7 Zeichng., mit Tanzteppich, kartoniert. ●

Cha-Cha-Cha
(**5177**-9) Von Peter Wolff, 32 S., 51 Farbfotos, 10 Zeichnungen, mit Tanzteppich, kartoniert. ●

Foxtrott
(**5172**-7) Von Peter Wolff, 32 S., 55 Farbfotos, 10 Zeichnungen, mit Tanzteppich, kartoniert. ●

Langsamer Walzer
(**5173**-5) Von Wolff, 32 S., 50 Farbfotos, 10 Zeichnungen, mit Tanzteppich, kartoniert. ●

Dirty Dancing
Step by Step leicht gelernt
(**0992**-5) Von D. Glück, G. Teusen, 80 S., 140 Farbfotos, kart. ●●

Anmutig und fit durch
Bauchtanz
(**0911**-9) Von Marta, 120 S., 229 Farbfotos, 6 s/w-Zeichnungen, kart. ●●

Sporttauchen
Theorie und Praxis des Gerätetauchens (**0647**-0) Von S. Müßig, 144 S., 8 Farbtafeln, 35 s/w-Fotos, 89 Zeichnungen, kart. ●●

Angelfischerei von Aal bis Zander
Fische · Geräte · Technik. (**0324**-2) Von H. Oppel, 72 S., 16 Farbt., 49 s/w-Abb., kart. ●●

Angeln
Kleine Fibel für den Sportfischer. (**0198**-3) Von E. Bondick, 80 S., 4 Farbt., 116 Abb., kart. ●

Falken-Handbuch **Angeln**
in Binnengewässern und im Meer. (**4090**-3) Von H. Oppel, 344 S., 24 Farbtafeln, 66 s/w-Fotos, 151 Zeichn., gebunden. ●●●●

Funboard-Surfen
Material · Technik · Regatten · Internationale Reviere. (**4297**-3) Von J. Evans, 144 S., 106 Farbfotos, 9 Farbzeichnungen, 68 zweifarbige und 5 s/w-Zeichnungen, kart. ●●●

Fit mit
Surfen
(**2317**-3) Von H. Mönster, K.-H. Eden, B. Bohr, 104 S., 110 Farbfotos, 23 s/w-Zeichnungen, kartoniert. ●●

TELESKI
Skigymnastik perfekt
(**1037**-0) Von M. Vorderwülbecke, G. Kern, 120 S., 220 Farbfotos, 16 farbige Grafiken, 19 Farbzeichnungen, kartoniert. ●●

Fibel für Kegelfreunde
Sport- und Freizeitkegeln · Bowling (**0191**-6) Von G. Bocsai, 72 S., 62 Abb., kart. ●

Fit mit **Kegeln**
(**2301**-4) Von G. Gromann, 96 S., 51 Farbfotos, 50 Farb- und 4 s/w-Zeichnungen, kart. ●●

Beliebte und neue Kegelspiele
(**0271**-8) Von H. Regulski, 92 S., 62 Abb., kart. ●

111 spannende Kegelspiele
(**2031**-7) Von H. Regulski, 80 S., 53 Zeichnungen, kart. ●

Schach

Einführung in das Schachspiel
(**0104**-5) Von W. Wollenschläger und K. Colditz, 112 S., 116 Diagramme, kart. ●

Falken-Handbuch
Schach
(**4051**-2) Von T. Schuster, 360 S., über 340 Diagramme, gebunden. ●●●●

Spielend Schach lernen
(**2002**-3) Von T. Schuster, 96 S., kart. ●

Kinder- und Jugendschach
Offizielles Lehrbuch des Deutschen Schachbundes zur Erringung der Bauern-, Turm- und Königsdiplome. (**0561**-X) Von B.J. Withuis, H. Pfleger, 144 S., 220 Zeichnungen und Diagramme, kart. ●●

Zug um Zug
Schach für jedermann 1
Offizielles Lehrbuch des Deutschen Schachbundes zur Erringung des Bauerndiploms. (**0648**-9) Von H. Pfleger, E. Kurz, 80 S., 24 s/w- Fotos, 8 Zeichn., 60 Diagramme, kart. ●

FALKEN-Software
Zug um Zug
Schach für jedermann 1
(**7015**-2) Wendediskette für C 64/C 128 PC, mit Begleitheft. ●●●*

(**7005**-1) Wendediskette für Atari ST 520/1040 mit Begleitheft. ●●●●●*

Zug um Zug
Schach für jedermann 2
Offizielles Lehrbuch des Deutschen Schachbundes zur Erringung des Turmdiploms. (**0659**-4) Von H. Pfleger, E. Kurz, 128 S., 7 s/w-Fotos, 13 Zeichnungen, 78 Diagramme, kart. ●

Zug um Zug
Schach für jedermann 3
Offizielles Lehrbuch des Deutschen Schachbundes zur Erringung des Königdiploms. (**0728**-0) Von H. Pfleger, G. Treppner, 128 S., 4 s/w-Fotos, 84 Diagramme, 10 Zeichnungen, kart. ●

Schach für Fortgeschrittene
Taktik und Probleme des Schachspiels (**0219**-X) Von R. Teschner, 88 S., 85 Diagramme, kart. ●

Neue Schacheröffnungen
(**0478**-8) Von T. Schuster 104 S., 100 Diagramme, kart. ●

Lehr-, Übungs- und Testbuch der Schachkombinationen
(**0649**-7) Von K. Colditz, 184 S., 227 Diagramme, kart. ●●

Erfolgreiche Schachlehre
Eröffnungs- und Mittelspielstrategie (**0991**-7) Von D. Bronstein, 254 S., 201 Diagramme, Pappband. ●

Faszinierendes Schach
(**0989**-5) Von I. Linder, 285 S., 295 Diagramme, Pappband. ●●

Die hohe Schule der
Schachkombinationen
(**0920**-8) Von W. Golz, P. Keres, 272 S., 322 Diagramme, Pappband. ●●

Schwerfiguren greifen ein
(**0979**-8) Von J. Damski, 184 S., 244 Diagramme, Pappband. ●●

Sizilianisch siegen
durch die Kunst der Verteidigung (**0990**-2) Von M. Taimanow, 160 S., 124 Diagramme, Pappband. ●●

Schnelle Schachsiege
Das meisterliche Gambitspiel (**1038**-9) Von S. Samarian, 28 S., 125 Diagramme, kartoniert. ●●

Offizielles Lehrbuch des Deutschen Schachbundes
Das systematische Schachtraining
Trainingsmethoden, Strategien und Kombinationen. (**0857**-0) Von Sergiu Samarian, 152 S., 159 Diagramme, 1 Zeichn., kart. ●●

Taktische Schachendspiele
(**0752**-3) Von J. Nunn, 208 S., 152 Diagramme, kart. ●●

Schachstrategie
Ein Intensivkurs mit Übungen und ausführlichen Lösungen. (**0584**-9) Von A. Koblenz, dt. Bearb. von K. Colditz, 212 S., 240 Diagramme, kart. ●●

Schachtraining mit den Großmeistern
(**0670**-5) Von H. Bouwmeester, 128 S., 90 Diagramme, kart. ●●

Die besten Partien deutscher Schachgroßmeister
(**4121**-7) Von H. Pfleger, 192 S., 29 s/w-Fotos, 89 Diagramme, Pappband. ●●●

So denkt ein Schachmeister
Strategische und taktische Analysen. (**0915**-1) Von H. Pfleger, G. Treppner, 120 S., 75 Diagramme, kart. ●●

Schach als Kampf
Meine Spiele und mein Weg. (**0729**-9) Von G. Kasparow, 144 S., 95 Diagramme, 9 s/w-Fotos, kart. ●●

Kasparows Schacheröffnungen
(**1021**-4) Von O. Borik, 136 S., 16 s/w-Fotos, kartoniert. ●●

Helmut Pflegers
Schachkabinett
Amüsante Aufgaben – überraschende Lösungen. (**0877**-5) Von H. Pfleger, 160 S., 118 Diagramme, kart. ●●

Schach mit dem Computer
(**0747**-7) Von D. Frickenschmidt, 140 S., 112 Diagramme, 29 s/w-Fotos, 5 Zeichnungen, kart. ●●

FALKEN-Software
Das komplette Schachprogramm
Spielen, Trainieren, Problemlösen mit dem Computer. (**7006**-3) Von J. Egger, Diskette für C 64, C 128 PC, mit Begleitheft. ●●●●●*

Mensch und Gesundheit

Total verknallt ... und keine Ahnung?
Alles über Liebe, Sex und Zärtlichkeit (**1024**-9) Von H. Bruckner, R. Rathgeber, 104 S., 38 Abbildungen, kartoniert. ●●

Sinnliche Liebe
Sex und Partnerschaft
(**4436**-4) Von Dr. A. Stanway, 160 S., 60 vierfarbige Illustrationen, Pappband. ●●●●

Streicheleinheiten für Körper und Seele
Partner Massage
(**4444**-5) Von Chr. Unseld-Baumanns, 136 S., 145 Farbfotos, Pappband. ●●●●

Der moderne Ratgeber
Wir werden Eltern
Schwangerschaft · Geburt · Erziehung des Kleinkindes. (**4269**-8) Von B. Nees-Delaval, 376 S., 335 2-farbige Abb., Pappband. ●●●●

Wenn Sie ein Kind bekommen
(**4003**-2) Von U. Klamroth, Dr. med. H. Oster, 240 S., 86 s/w-Fotos, 30 Zeichn., kart. ●●●

Wenn der Mensch zum Vater wird
Ein heiter-besinnlicher Ratgeber (**4259**-0) Von D. Zimmer, 160 S., 20 Zeichnungen, Pappband. ●●

Vorbereitung auf die Geburt und
Schwangerschaftsgymnastik
Atmung, Rückbildungsgymnastik. (**0251**-3) Von s. Buchholz, 112, S., 98 s/w-Fotos, kart. ●

Yoga für Schwangere
Der Weg zur sanften Geburt
(**0777**-9) Von V. Bolesta-Hahn, 112 S., 76 zweifarbige Abb., kart. ●●

Die Kunst des Stillens
nach neuesten Erkenntnissen (**0701**-9) Von Prof. Dr. med. E. Schmidt, S. Brunn, 112 S., 20 Fotos und Zeichnungen, kart. ●

Das Babybuch
Pflege · Ernährung · Entwicklung
(**0531**-8) Von A. Burkert, 96 S., 76 zweifrg. Zeichn., 22 s/w-Zeichn., kart. ●●

Babyfitness
Massage, Spiele, Gymnastik und Schwimmen für Kinder im 1. Lebensjahr (**1034**-6) Von G. Zeiß, 112 S., 179 zweifarbige Illustrationen, kartoniert. ●●

Wenn Kinder krank werden
Medizinischer Ratgeber für Eltern (**4240**-X) Von Dr. med. I.J. Chasnoff, B. Nees-Delaval, 232 S., 163 Zeichn., Pbd.. ●●●

FALKEN-Software
Ego-Tests
Sich und andere besser erkennen und verstehen. (**7012**-8) Diskette für IBM PC kompatible (MS DOS) mit Begleitheft. ●●●●●*

Bildatlas des menschlichen Körpers
(**4177**-2) Von G. Pogliani, V. Vannini, 112 S., 402 Farbabb. 28 s/w-Fotos, Pappband. ●●●

Das moderne Hausbuch der Naturheilkunde
Neueste Erkenntnisse der Ganzheitsmedizin von Akupressur bis Zelltherapie (**4403**-8) Von G. Leibold, 448 S., 263 Farbzeichn., 15 s/w-Fotos, Pappband. ●●●●●

Pillenpreise unverblümt
Rezeptfreie Medikamente:
Medizinische Grundlagen · Wirkungen · Risiken · Preisübersicht
(**4426**-7) Von Dr. rer.nat. K. Mayer, 248 S., franz. Broschur. ●●●

Ratgeber Aids
Entstehung, Ansteckung, Krankheitsbilder, Heilungschancen, Schutzmaßnahmen (**0803**-1) Von B. Baartman, Vorwort von Dr. med. H. Jäger, 112 S., 8 Farbtafeln, 4 Grafiken, kart. ●●

Nahrungsmittelallergien
So ernähren Sie sich richtig!
(**0913**-5) Von Priv-Doz.Dr.med.Dr.med.habil. J. von Mayenburg, Prof. Dr. med. Dr. phil. S. Borelli, E. Polster, 136 S., kart. ●●

Diabetes
Krankheitsbild, Therapie, Kontrollen, Schwangerschaft, Sport, Urlaub, Alltagsprobleme, Neueste Erkenntnisse der Diabetesforschung. (**0895**-3) Von Dr. med. H.J. Krönke, 120 S., 4 Farbtafeln, 14 s/w-Fotos, 13 s/w-Zeichnungen, kart. ●

Rheuma und Gicht
Krankheitsbilder, Behandlung, Therapieverfahren, Selbstbehandlung. Richtige Lebensführung und Ernährung. (**0712**-4) Von Dr. J. Höder, J. Bandick, 104 S., kart. ●

Asthma
Pseudokrupp, Bronchitis und Lungenemphysem. (**0778**-7) Von Prof. Dr. med. W. Schmidt, 120 S., 56 Zeichnungen, kart. ●

Krampfadern
Ursachen, Vorbeugung, Selbstbehandlung, Therapieverfahren. (**0727**-2) Von Dr. med. K. Steffens, 112 S., 38 Abb., kart. ●

Gallenleiden
Krankheitsbilder, Behandlung, Therapieverfahren, Selbstbehandlung. Richtige Lebensführung und Ernährung. (**0673**-X) Von Dr. med. K. Steffens, 104 S., 34 Zeichnungen, kart. ●

Arteriosklerose
Risikofaktoren/Vorbeugung/Therapie
Richtige Ernährung bei erhöhtem Cholesterinspiegel
(**1020**-6) Von Prof. Dr. med. G. Assmann, Dr. troph. U. Wahrburg, 192 S., 84 farb. Abb., 4 s/w-Zeichnungen, kartoniert.

Naturkosmetik
Die Grundlagen gesunder und natürlicher Hautpflege
(**1080**-X) Von N. E. Haas, 120 S., 63 Farbabb., kartoniert. ●●

Gesundheit durch altbewährte Kräuterrezepte und Hausmittel aus der
Natur-Apotheke
(**4156**-X) Von G. Leibold, 236 S., 8 Farbtafeln, 100 Zeichnungen, kart. ●●

Heiltees und Kräuter für die Gesundheit
(**4123**-3) Von G. Leibold, 136 S., 15 Farbtafeln, 16 Zeichnungen, kart. ●●

Fastenkuren
Wege zur gesunden Lebensführung. Rezepte und Tips für die Nachfastenzeit. Kurzfasten · Saftfastenkuren · Fastenschalttage · Heilfasten. (**4248**-5) Von Ha. A. Mehler, H. Keppler, 144 S., 16 s/w-Fotos, 9 Zeichn., Pbd. ●●●

Die sanfte Art des Heilens
Homöopathie
Praktische Anwendung und Arzneimittellehre
(**4418**-X) Von J. H. P. Kreuter, 216 S., 49 Zeichnungen, Pappband. ●●●

Massagetechniken und Heilanzeigen
Reflexzonentherapie
(**4404**-6) Von G. Leibold, 128 S., 53 Farbzeichnungen, Pappband. ●●●

Wetterfühligkeit
Vorbeugen und behandeln
Der Einfluß von Wetter und Klima auf Körper und Psyche
(**0998**-4) Von Dipl.-Met. H. Trenkle, fachl. Beratung Prof. Dr. V. Faust, 120 S., 8 Farbtafeln, 31 zweifarbige Abbildungen und Tabellen, kartoniert. ●●

Heilatmen
Ein Weg zu Lebenskraft und innerer Harmonie
(**1047**-8) Von K. Schutt, 112 S., 57 zweifarbige Abb., kartoniert. ●●●

Bewährte Naturheilverfahren bei
Asthma und Bronchitis
(**1083**-4) Von G. Leibold, 112 S., kartoniert. ●

Kneippkuren zu Hause
(**0779**-5) Von G. Leibold, 112 S., 25 Zeichnungen, kartoniert. ●

Entspannung und Schmerzlinderung durch
Massage
(**0750**-7) Von B. Rumpler, K. Schutt, 112 S., 116 zweifarbige Zeichnungen, kart. ●

Besser sehen durch Augentraining
Ein Gesundheitsprogramm zur Verbesserung des Sehvermögens.
(**0914**-3) Von K. Schutt, B. Rumpler, 96 S., 32 s/w-Zeichnungen, kart. ●

Bewährte Naturheilverfahren bei
Herz-Kreislauf-Erkrankungen
(**1084**-2) Von Dr. med. O. Wolff, G. Leibold, 104 S., kartoniert. ●

Krebsangst und Krebs behandeln
Mit einem Vorwort von Prof. Dr. med. Friedrich Douwes. (**0839**-2) Von G. Leibold, 104 S., kart. ●

Bewährte Naturheilverfahren bei
Krebs
(**1082**-6) Hrsg. H.-R. Heiligtag, 88 S., kartoniert. ●

Hypnose und Autosuggestion
Methoden - Heilwirkungen - praktische Beispiele. (**0483**-4) Von G. Leibold, 120 S., 9 Illustrationen, kart. ●

Bewährte Naturheilverfahren bei
Migräne und Schlafstörungen
(**1081**-8) Von G. Leibold, Dr. med. H. Chr. Scheiner, 112 S. kartoniert. ●

Gesunder Schlaf
Schlafstörungen ohne Medikamente erfolgreich behandeln
(**1036**-2) Von D. H. Alke, 88 S., 22 s/w-Abb., mit Audiokassette, kartoniert. ●●●

Akupressur zur Eigenbehandlung
(**0417**-6) Von G. Leibold, 112 S., 78 Abb., kart. ●

Enzyme
Vitalstoffe für die Gesundheit
(**0677**-2) Von G. Leibold, 96 S., kart. ●

Fußsohlenmassage
Heilanzeigen · Technik · Selbsthilfe
(**0714**-0) Von G. Leibold, 96 S., 38 Zeichnungen, kart. ●

Rheuma behandeln und lindern
Mit einem Vorwort von Dr. med. Max-Otto-Bruker. (**0836**-8) Von G. Leibold, 96 S., kart. ●

Heilfasten
Entschlacken · Regenerieren · Abnehmen
(**0713**-2) Von G. Leibold, 96 S., kart. ●

Besser leben durch Fasten
(**0841**-4) Von G. Leibold, 96 S., kart. ●

Die echte Schroth-Kur
(**0797**-3) Von Dr. med. R. Schroth, 88 S., 2 s/w-Fotos, kart. ●

Allergien behandeln und lindern
Mit einem Vorwort von Prof. Dr. med. Axel Stemmann.
(**0840**-6) Von G. Leibold, 96 S., 4 Zeichnungen, kart. ●

Entspannung
(**0834**-) Von Dr. med. Chr. Schenk, 88 S., 29 Zeichnungen, kart. ●

Erfolg und Lebensfreude durch
Autogenes Training und Psychokybernetik
(**1035**-4) Von D. H. Alke, 80 S., 2 s/w-Zeichnungen, mit Audiokassette, kartoniert. ●●●

Autogenes-Training
Anwendung · Heilwirkungen · Methoden
(**0541**-5) Von R. Faller, 112 S., 3 Zeichn., kart. ●

Chinesische Naturheilverfahren
Selbstbehandlung mit bewährten Methoden der physikalischen Therapie. Atemtherapie · Heilgymnastik · Selbstmassage · Vorbeugen · Behandeln · Entspannen.
(**4247**-7) Von F.T. Lie, 160 S., 292 zweifarbige Zeichnungen, Pappband. ●●●

Chinesisches Schattenboxen
Tai-Ji-Quan
für geistige und körperliche Harmonie
(**0850**-3) Von F. T. Lie, 120 S., 221 s/w-Fotos, 9 s/w-Zeichnungen, Beilage: 1 s/w-Poster mit zahlreichen Abbildungen, kart. ●●

Fit mit **Tai Chi**
als sanfte Körpererfahrung
(**2305**-7) Von B. und K. Moegling, 112 S., 121 Farbfotos, 6 Farbzeichnungen, kart. ●●

Yoga
Weg zur Harmonie
(**4417**-8) Von A. Harf, W. von Rohr, 176 S., 171 Farbfotos, 12 s/w-Zeichnungen, Pbd. ●●●●

Bauch, Taille und Hüfte gezielt formen durch
Aktiv-Yoga
(**0709**-4) Von K. Zebroff, 112 S., 102 Farbfotos, kart. ●●

Yoga für Jeden
(**0341**-2) Von K. Zebroff. 156 S., 135 Abb., Spiralbindung. ●●●

Yoga gegen Haltungsschäden und Rückenschmerzen
(**0394**-3) Von A. Raab, 104 S., 215 Abb., kart. ●

Chinesische Punktmassage
Akupressur
(**4419**-4) Von F.T. Lie, 192 S., 332 zweifarbige Abb., Pappband. ●●●

Shiatsu-Massage
Hormonisierung der Energieströme im Körper.
(**0615**-2) Von G. Leibold, 196 S., 180 Abb., kart. ●●●

Diät bei Darmkrankheiten
Durchfall - Divertikulose, Reizdarm und Darmträgheit - einheimische Sprue (Zöllakie) - Disaccharidasemangel - Dünndarmresektion - Dumping Syndrom. Rezeptteil von B. Zöllner. (**3211**-0) Von Prof. Dr. med. G. Strohmeyer, 88 S., 4 Farbtafeln, kart. ●●

Ballaststoffreiche Kost bei Funktionsstörungen des Darms
Rezeptteil von B. Zöllner.
(**3212**-9) Von Prof. Dr. med. H. Kasper, 96 S., 34 Farbfotos, 1 s/w-Foto, kart. ●●

Diät bei Krankheiten des Magens und Zwölffingerdarms
Rezeptteil von B. Zöllner, (**3201**-3) Von Prof. Dr. med. H. Kaess, 96 S., 35 Farbfotos, 1 s/w-Zeichnung, kart. ●●

Diät bei Krankheiten der Gallenblase, Leber und Bauchspeicheldrüse
Rezeptteil von B. Zöllner.
(**3207**-2) Von Prof. Dr. med. H. Kasper, 88 S., 35 Farbfotos, 1 s/w-Zeichnung, kart. ●●

Diät bei Übergewicht
Rezeptteil von B. Zöllner.
(**3209**-9) Von Prof. Dr. med. Ch. Keller, 104 S., 42 Farbfotos, 3 s/w-Zeichnungen, kart. ●●

Diät bei Gicht und Harnsäuresteinen
Rezeptteil von B. Zöllner.
(**3205**-6) Von Prof. Dr. med. N. Zöllner, ca. 100 S., ca. 40 Farbtafeln, kart. ●●

Diät bei Herzkrankheiten und Bluthochdruck
Rezeptteil von B. Zöllner. (**3202**-1) Von Prof. Dr. med. H. Rottka, 92 S., 4 Farbtafeln, kart. ●●

Richtige Ernährung wenn man älter wird
Rezeptteil von B. Zöllner. (**3204**-8) Von Prof. Dr. med. H.-J. Pusch. 96 S., 36 Farbfotos und 3 s/w-Zeichnungen, kart. ●●

Diät bei Erkrankungen der Nieren, Harnwege und bei Dialysebehandlung
Rezeptteil von B. Zöllner. (**3203**-X) Von Prof. Dr. med. Dr. h. c. H. J. Sarre und Prof Dr. med. R. Kluthe, 96 S., 33 Farbfotos, 1 s/w-Zeichnung, kart. ●●

Diät bei Zuckerkrankheit
Rezeptteil von B. Zöllner. (**3206**-4) Von Prof. Dr. med. P. Dieterle, 112 S., 42 Farbfotos, 4 vierfarbige Vignetten, 1 s/w-Zeichnung, kart. ●●

Die aktuelle Colesterin-Tabelle
(**1088**-5) Hersg. von Dr. H. Oberritter, 84 S., 1 zweifarbige Grafiken, kartoniert. ●

Kochen für Diabetiker
Gesund und schmackhaft für die ganze Familie. (**4132**-2) Von M. Toeller, W. Schumacher, A. C. Groote, 224 S., 109 Farbfotos, 94 Zeichnungen, Pappband. ●●●

Neue Rezepte für **Diabetiker-Diät**
Vollwertig - abwechslungsreich - kalorienarm. (**0418**-4) Von M. Oehlrich, 96 S., 8 Farbtafeln, kart. ●

Diät bei Störungen des Fettstoffwechsels und zur Vorbeugung der Arteriosklerose
Rezeptteil von B. Zöllner. (**3208**-0) Von Prof. Dr. med. G. Wolfram. ca. 100 S., ca. 40 Farbfotos, kartoniert. ●●

Garten und Tiere

Garten heute
Der moderne Ratgeber · Über 1000 Farbbilder. (**4283**-3) Von H. Jantra, 384 S., über 1000 Farbabb., Pappband. ●●●●

Blütenpracht in Haus und Garten
Der große praktische Ratgeber mit über 1000 farbigen Abb.
(**4145**-4) Von M. Haberer, u.a. 352 S., 1012 Farbfotos, Pbd. ●●●●

1000 ganz bewährte Garten-Tips
(**4453**-4) Von H. Jantra, 320 S., 288 zweifarbige und 62 s/w-Zeichnungen, Pappband. ●●●

Blütenpracht aus winterharten Blumenzwiebeln
(**0772**-8) Von H. Lass, 112 S., 120 Farbfotos und Zeichnungen, kart. ●●

Erfolgstips für den Obstgarten
Gesunde Früchte durch richtige Sortenwahl und Pflege.
(**0827**-9) Von F. Mühl, 184 S., 16 Farbtafeln, 33 Zeichnungen, kart. ●●

Erfolgstips für den Gemüsegarten
Mit naturgemäßem Anbau zu höherem Ertrag. (**0674**-8) Von F. Mühl, 80 S., 30 s/w-Fotos, 4 Zeichnungen, kart. ●

Mischkultur im Nutzgarten
Mit Jahreskalender und Anbauplänen
(**0651**-9) Von H. Oppel, 112 S., 8 Farbtafeln, 23 s/w-Fotos, 29 Zeichnungen, kart. ●

Der richtige Schnitt von Obst- und Ziergehölzen, Rosen und Hecken
(**0619**-5) Von E. Zettl, 88 S., 8 Farbtafeln, 39 Zeichnungen, 21 s/w-Fotos, kart. ●

Gesunde Zierpflanzen im Garten
Krankheiten erkennen und behandeln
Mit neuem Diagnose-System
(**4429**-1) Von Prof. Dr. G. Stelzer, 208 S., 456 Farbfotos, 5 s/w- und 5 Farbzeichnungen, Pappband. ●●●●

Erfolgstips für den Ziergarten
Schmuckpflanzen und Rasen richtig pflegen
(**0930**-5) Von F. Mühl, 156 S., 12 Farbtafeln, 26 s/w-Zeichnungen, kart. ●●

Erfolgreich gärtnern mit
Frühbeet und Folie
(**0828**-7) Von Dr. Gustav Schoser, 88 S., 8 Farbtafeln, 46 s/w-Fotos, kart. ●

Das Bio-Gartenjahr
Arbeitsplan für naturgemäßes Gärtnern
(**4169**-1) Von N. Jorek, 128 S., 8 Farbtafeln, 70 s/w-Abb., kart. ●●

Erfolgreich gärtnern
durch naturgemäßen Anbau
(**4252**-3) Von I. Gabriel, 416 S., 176 Farbfotos, 212 Farbzeichnungen, Pappband. ●●●

Leben im Naturgarten
Der Biogärtner und seine gesunde Umwelt
(**4124**-1) Von N. Jorek, 128 S., 68 s/w-Fotos, kart. ●●

Aktion Garten ohne Gift
Gesunde Umwelt durch natürlichen Pflanzenschutz
Ein Praxis-Handbuch von E. Hoplitschek u. B.M. Tegethoff. (**4425**-9) 176 S., 250 Farbfotos, 36 Farb- und 29 s/w-Zeichn., Pbd. ●●●●

So wird mein Garten zum Biogarten
Alles über die Umstellung auf naturgemäßen Anbau.
(**0706**-X) Von I. Gabriel, 128 S., 73 Farbfotos, 54 Farbzeichnungen, kart. ●●

Neuanlage eines Biogartens
Planung, Bodenvorbereitung, Gestaltung
(**0721**-3) Von I. Gabriel, 128 S., 73 Farbfotos, 39 Zeichnungen, kart. ●●

Gesunde Pflanzen im Biogarten
Biologische Maßnahmen bei Schädlingsbefall und Pflanzenkrankheiten.
(**0707**-8) Von I. Gabriel, 128 S., 126 Farbfotos, kart. ●●

Obst und Beeren im Biogarten
Gesunde und schmackhafte Früchte durch natürlichen Anbau. (**0780**-9) Von I. Gabriel, 128 S., 109 Farbabb., kart. ●●

Gemüse im Biogarten
Gesunde Ernte durch natürlichen Anbau
(**0830**-9) Von I. Gabriel, 128 S., 26 Farbfotos, 86 Farbzeichnungen, kart. ●●

Kräuter und Heilpflanzen im Biogarten
Gesunde Ernte durch natürlichen Anbau
(**0929**-1) Von I. Gabriel, 112 S., 63 Farbfotos, 19 Farbzeichnungen, kart. ●●

Der biologische Zier- und Wohngarten
Planen, Vorbereiten, Bepflanzen und Pflegen
(**0748**-5) Von I. Gabriel, 128 S., 72 Farbfotos, 46 Farbzeichnungen, kart. ●●

Kosmische Einflüsse auf unsere Gartenpflanzen
Sterne beeinflussen Wachstum und Gesundheit der Pflanzen. (**0708**-6) Von I. Gabriel, 112 S., 100 Farbabb., kart. ●●

Natürlich gärtnern unter Glas und Folie
Anbauen und ernten rund ums Jahr.
(**0722**-1) Von I. Gabriel, 128 S., 107 Farbabb., kart. ●●

Speisepilze aus eigener Zucht
Anbau · Pflege · Zubereitung
(**0909**-7) Von U. Groos, 72 S., 8 Farbtafeln, 16 s/w-Zeichnungen, kart. ●

Dekorative **Kübelpflanzen**
Auswahl und Pflege
(**1074**-5) Von H. Jantra, 112 S., ca. 180 Farbfotos, 35 Farbzeichnungen, kartoniert. ●●

Blütenpracht auf Balkon und Terrasse
(**0928**-3) Von M. Haberer, 88 S., 139 Farbfotos, kart. ●●

Gemüse, Kräuter, Obst aus dem Balkongarten
- Erfolgreich ernten auf kleinstem Raum
(**0694**-2) Von S. Stein, 32 S., 34 Farbfotos, 6 Zeichnungen, Spiralbindung, kart. ●

Grabgestaltung
Bepflanzung und Pflege zu jeder Jahreszeit
(**5120**-4) Von N. Uhl, 64 S., 77 Farbfotos, 2 Zeichnungen, Pappband. ●●

Kleingärten
Planen · Anlegen · Pflegen
(**1015**-X) Von H. Jantra, 88 S., 123 Farbfotos, 1 s/w-Foto, 14 Farbzeichnungen, kart. ●●

Reihenhausgärten
Planen · Anlegen · Pflegen
(**1016**-8) Von H. Jantra, 104 S., 134 Farbfotos, 45 Farbzeichnungen, kart. ●●

Steingärten Wirkungsvoll gestalten und sachgerecht pflegen
(**4452**-6) Von A. Throll-Keller, 128 S., 203 Farbfotos, 56 Farbzeichnungen, Pappband. ●●●●

Gartenteiche, Tümpel und Weiher
naturnah anlegen und pflegen
(**1073**-7) Von Dr. F. Liedl, H. Goos, 80 S., ca. 60 Farbfotos, ca. 40 Farbzeichnungen, kartoniert. ●●

Wasser im Garten
Von der Vogeltränke zum Naturteich - Natürliche Lebensräume selbst gestalten.
(**4230**-2) Von H. Hendel, P. Keßeler, 240 S., 315 Farbabb., 11 s/w-Fotos, Pappband. ●●●●●

Mein kleiner Gartenteich
planen – anlegen – pflegen
(**0851**-1) Von I. Polascheck, 144 S., 108 Farbabb., 6 s/w-Zeichnungen, kart. ●●

Häuser in lebendigem Grün
Fassaden und Dächer mit Pflanzen gestalten
(**0846**-5) Von U. Mehl, K. Werk, 88 S., 116 Farbfotos, 4 Farb-und 17 s/w-Zeichn., kart. ●●

Wintergärten
Das Erlebnis, mit der Natur zu wohnen
Planen, Bauen und Gestalten.
(**4256**-6) Von LOG ID, 136 S., 130 Farbfotos, 107 Zeichnungen, Pappband. ●●●●

Rund ums Jahr erfolgreich gärtnern
Gewächshäuser
planen · bauen · einrichten · nutzen
(**4408**-9) Von Dr. G. Schoser, J. Wolff, 232 S., 368 Farbabb., 5 s/w-Fotos, Pappband. ●●●●●

Ziergräser
Über 100 Arten erfolgreich kultivieren
(**0829**-5) Von H. Jantra, 104 S., 73 Farbfotos, 6 Farbzeichnungen, kart. ●●

Das moderne Handbuch **Zimmerpflanzen**
(**4416**-X) Von H. Jantra, 304 S., 766 Farbfotos, 64 Farb-und 19 s/w-Zeichn., Pappband. ●●●●

365 Erfolgstips für schöne Zimmerpflanzen
(**0893**-7) Von H. Jantra, 144 S., 215 Farbfotos, kart. ●●

Prof. Stelzers grüne Sprechstunde
Gesunde Zimmerpflanzen
Krankheiten erkennen und behandeln · Mit neuem Diagnosesystem.
(**4274**-4) Von Prof. Dr. G. Stelzer, 192 S., 410 Farbfotos, 10 s/w-Zeichnungen, Pappband. ●●●●

Hydrokultur
Pflanzen ohne Erde - mühelos gepflegt
(**0944**-5) Von H.-A. Rotter, 144 S., 167 Farbfotos, 13 Farbzeichnungen, kart. ●●

Zimmerpflanzen in Hydrokultur
Leitfaden für problemlose Blumenpflege.
(**0660**-8) Von H.-A. Rotter, 32 S., 76 Farbfotos, 8 farbige Zeichn., Pappband. ●

Zimmerbäume, Palmen und andere Blattpflanzen
Standort, Pflege, Vermehrung, Schädlinge
(**5111**-5) Von G. Schoser, 96 S., 98 Farbfotos, 7 Zeichnungen, Pappband. ●●

Bonsai Japanische Miniaturbäume und Miniaturlandschaften. Anzucht, Gestaltung und Pflege.
(**4091**-1) Von B. Lesniewicz, 160 S., 106 Farbfotos, 46 s/w-Fotos, 115 Zeichnungen, gebunden. ●●●●●

Keime, Sprossen, Küchenkräuter
am Fenster ziehen - rund ums Jahr
(**0658**-6) Von F. und H. Jantzen, 32 S., 55 Farbfotos, Pappband. ●

Falken-Handbuch **Orchideen**
Lebensraum, Kultur, Anzucht und Pflege.
(**4231**-0) Von G. Schoser, 144 S., 121 Farbfotos, 28 Farbzeichnungen, Pappband. ●●●

Fibel für Kakteenfreunde
(**0199**-1) Von H. Herold, 102 S., 23 Farbfotos, 37 s/w-Abb., kart. ●

Kakteen und andere Sukkulenten
300 Arten mit über 500 Farbfotos.
(**4116**-0) Von G. Andersohn, 316 S., 520 Farbfotos, 193 Zeichnungen, Pappband. ●●●●

Grzimek Juniors **BUNTE TIERWELT**
(**4295**-7) Von Chr. Grzimek, 208 S., 308 Farbfotos, Pappband. ●●●

Falken-Handbuch **Hunde**
(**4118**-7) Von H. Bielfeld, 176 S., 222 Farb- und 73 s/w-Abb., Pappband. ●●●●

Das neue Hundebuch
Rassen · Aufzucht · Pflege
(**0009**-X) Von W. Busack, überarbeitet von Dr. med. vet. A. H. Hacker und H. Bielfeld, 112 S., 8 Farbt., 27 s/w-Fotos, 6 Zeichn., kart. ●

Hundeausbildung
Verhalten - Gehorsam - Ausbildung
(**0346**-3) Von Prof. Dr. R. Menzel, 88 S., 19 Fotos, kart. ●

Grundausbildung für Gebrauchshunde
Schäferhund, Boxer, Rottweiler, Dobermann, Riesenschnauzer, Airedaleterrier, Hovawart und Bouvier.
(**0801**-5) Von M. Schmidt und W. Koch, 104 S., 8 Farbtafeln, 51 s/w-Fotos, 5 s/w-Zeichnungen, kart. ●

Der Hund in der Familie
(**1014**-1) Von J. Werner, 128 S., 106 Farbfotos, kartoniert. ●●

Der Deutsche Schäferhund
Aufzucht, Pflege und Ausbildung.
(**0073**-1) Von A. Hacker, 104 S., 56 Abb., kart. ●

Alles über junge Hunde
(**0863**-5) Von Dr. med. vet. E.M. Bartenschlager, 64 S., 49 Farbfotos, 6 Zeichnungen, kart. ●

Richtige Hundeernährung
(**0811**-2) Von Dr. med. vet. E.M. Bartenschlager, 80 S., 51 Farbfotos, 4 Farbzeichn., kart. ●

Hundekrankheiten
(**1077**-X) Von Dr. med. vet. R. Spangenberg, 96 S., 44 Farb- und 1 s/w-Foto, 22 Farbzeichnungen, kartoniert. ●●

Falken-Handbuch **Katzen**
(**4158**-6) Von B. Gerber, 176 S., 294 Farb- und 88 s/w-Fotos, Pappband. ●●●●

Das neue Katzenbuch
Rassen · Aufzucht · Pflege.
(**0427**-3) Von B. Eilert-Överbeck, 120 S., 14 Farbfotos, 26 s/w-Fotos, kart. ●

Junge Katzen
(**0862**-7) Von Dr. med. vet. E.M. Bartenschlager, 72 S., 40 Farbf., 4 Farbzeichn., kart. ●

Falken-Handbuch **Pferde**
(**4186**-1) Von H. Werner, 176 S., 196 Farb- und 50 s/w-Fotos, 100 Zeichn., Pappband. ●●●●

Reiten im Bild
(**0415**-X) Von H. Werner, 128 S., 142 Farbfotos, 107 Farbzeichng., kartoniert. ●●

Der Hobby-Imker
(**0978**-X) Von Dr. R.F.A. Moritz, 144 S., 106 zweifarbige Zeichnungen, kart. ●●

Geflügelhaltung als Hobby
(**0749**-3) Von M. Baumeister, H. Meyer, 184 S., 8 Farbtafeln, 47 s/w-Fotos, 15 zweif. Zeichnungen, kart. ●●

Sittiche und kleine Papageien
(**0864**-3) Von Dr. med. vet. E.M. Bartenschlager, 88 S., 84 Farbfotos, 9 Zeichnungen, kart. ●

Alles über **Kanarienvögel**
(**0901**-1) Von H. Schnoor, 64 S., 58 Farbfotos und Zeichnungen, kartoniert. ●

Die Tiersprechstunde
Artgerechte Vogelfütterung im Winter
(**0908**-9) Von Dr. W. Keil, 64 S., 51 Farbfotos und Zeichnungen, kartoniert. ●

Papageien und Sittiche
Arten · Pflege · Sprechunterricht
(**0591**-1) Von H. Bielfeld, 112 S., 8 Farbtafeln, kart. ●

Süßwasser-Aquarium
(**4191**-8) Von H. J. Mayland, 288 S., 564 Farbfotos, 75 Zeichnungen, Pappband. ●●●●

Das Süßwasser-Aquarium
Einrichtung · Pflege · Fische · Pflanzen
(**0153**-3) Von H. J. Mayland, 152 S., 16 Farbtafeln, 43 s/w-Zeichnungen, kart. ●●

Die Tiersprechstunde
Gesunde Fische im Süßwasseraquarium
(**1013**-3) Von H. J. Mayland, 96 S., 73 Farbfotos, 10 Zeichng., kartoniert. ●

Tiere im Wassergarten
(**0808**-2) Von Dr. med. vet. E.M. Bartenschlager, 96 S., 84 Farbf., 7 Zeichn., kart. ●

Die Tiersprechstunde
Alles über Zwerg- und Goldhamster
(**1012**-5) Von M. Mettler, 96 S., 96 Farbfotos, kartoniert. ●

Alles über Meerschweinchen
(**0809**-0) Von Dr. med. vet. E.M. Bartenschlager, 72 S., 43 Farbf., 11 Farbzeichn., kart. ●

Alle über Igel in Natur und Haus
(**0810**-4) Von Dr. med. vet. E.M. Bartenschlager, 68 S., 51 Farbfotos, kart. ●

Falken-Handbuch **Umweltschutz**
Das Öko-Testbuch zur Eigeninitiative.
(**4160**-8) Von M. Häfner, 352 S., 411 Farbf., 152 Farbzeichnungen, Pappband. ●●●●

Rat und Wissen

Traumreisen
Unterwegs auf den schönsten Straßen der Welt
(**4468**-2) Von T. Pehle, 192 S., 312 Farbfotos, 12 Übersichtskarten, Pappband. ●●●●

Vom Morgenland ins Reich der Abendgöttin
Lebensbilder aus dem Nahen und Fernen Osten
(**4449**-6) Von J. Schneider, H. Schoen, 160 S., 266 Farbfotos, 1 farbige Karte, Pappband. ●●●●

Keinen Mann um jeden Preis
Das neue Selbstverständnis der Frau in der Partnerbeziehung
(**4440**-2) Von Shere Hite, Kate Colleran, 208 S., Pappband. ●●●

Haushaltstips praktisch und umweltfreundlich
(**1046**-X) Von K. Winkell, 96 S., 36 Zeichnungen, kartoniert. ●

Umgangsformen heute
Die Empfehlungen des Fachausschusses für Umgangsformen (**4015**-6) 252 S., 108 s/w-Fotos, 17 Zeichnungen, Pappband. ●●●

Benehmen bei Tisch
(**0988**-7) Von I. Cording, 80 S., 90 Farbfotos, 5 s/w-Zeichnungen, kart. ●●

Der gute Ton
in Gesellschaft und Beruf
(**0063**-4) Von I. Wolter, 80 S., 42 s/w-Fotos, 7 Zeichnungen, kartoniert. ●

Familienforschung · Ahnentafel · Wappenkunde
Wege zur eigenen Familienchronik
(**0744**-2) Von P. Bahn, 128 S., 8 Farbtafeln, 30 Abbildungen, kart. ●●

Wie soll es heißen?
(**0211**-4) Von D. Köhr, 136 S., kart. ●

Die Silberhochzeit
Vorbereitung · Einladung · Geschenkvorschläge · Dekoration · Festablauf · Menüs · Reden · Glückwünsche. (**0542**-3) Von K.F. Merkle, 112 S., 41 Zeichnungen, kart. ●

Wir feiern Hochzeit
Phantasievolle und moderne Festgestaltung
(**0943**-7) Von H.J. Winkler, 112 S., kart. ●

Wir heiraten
Ratgeber zur Vorbereitung und Festgestaltung der Verlobung und Hochzeit. (**4188**-8) Von C. Poensgen, 216 S., 8 s/w-Fotos, 30 s/w-Zeichn., 8 Farbt., Pappband. ●●●

Von der Verlobung zur Goldenen Hochzeit
(**0393**-5) Von E. Ruge, 112 S., kart. ●

Hochzeits- und Bierzeitungen
Muster, Tips und Anregungen. (**0288**-2) Von H.-J. Winkler, mit vielen Text- und Gestaltungsanregungen, 116 S., 15 Abb., 1 Musterzeitung, kart. ●

Moderne Korrespondenz
Handbuch für erfolgreiche Briefe
(**4014**-8) Von H. Kirst und W. Manekeller, 544 S., Pappband. ●●●●

Der richtige Brief
zu jedem Anlaß
Das moderne Handbuch mit 400 Musterbriefen
(**4179**-9) Von H. Kirst, 376 S., Pappband. ●●●

Musterbriefe
für alle Gelegenheiten. (**0231**-9) Hrsg. von O. Fuhrmann, 240 S., kart. ●●

Privatbriefe
Muster für alle Gelegenheiten. (**0114**-2) Von I. Wolter-Rosendorf, 112 S., kart. ●

Der neue Briefsteller
Musterbriefe für alle Gelegenheiten.
(**0060**-X) Von I. Wolter-Rosendorf, 96 S., kart. ●

Erfolgstips für den Schriftverkehr
Briefgestaltung · Rechtschreibung · Zeichensetzung · Stil. (**0678**-0) Von U. Schoenwald, 112 S., kart. ●

Geschäftliche Briefe
des Privatmanns, Handwerkers, Kaufmanns
(**0041**-3) Von A. Römer, 124 S., kart. ●

Behördenkorrespondenz
Musterbriefe · Anträge · Einsprüche
(**0412**-5) Von E. Ruge, 112 S., kart. ●

FALKEN-Software
TEXAD
Das komfortable Korrespondenzprogramm für den privaten und geschäftlichen Bereich (**7017**-9) 2 Disketten für IBM-PC + Kompatible, 5 1/4'', mit Begleitheft, Einführungspreis: **DM 198,–***, S 1980,–*, SFr 193,30 bis 11.10.1990, danach **DM 258,–***, S 2580,–*, SFr 251,70.
(**7048**-9) Diskette 3 1/2'', mit Handbuch. ●●●●●*

(**7049**-7) Demo-Version 5 1/4'', o. Handbuch. ●●*

(**7050**-0) Demo-Version 3 1/2'', o. Handbuch. ●●*

Worte und Briefe der Anteilnahme
(**0464**-8) Von E. Ruge, 96 S., mit vielen Abb., kart. ●

Briefe zu Geburt und Taufe
Glückwünsche und Danksagungen. (**0802**-3) Von H. Beitz, 96 S., 12 Zeichnungen, kart. ●

Briefe zum Geburtstag
Glückwünsche und Danksagungen. (**0822**-8) Von H. Beitz, 104 S., 22 Zeichnungen, kart. ●

Briefe der Liebe
Anregungen für gefühlvolle und zärtliche Worte. (**0903**-8) Hrsg. von H. Beitz, 96 S., 4 Zeichnungen, kart. ●

Briefe zur Hochzeit
Glückwünsche und Danksagungen
(**0852**-X) Von R. Röngen, 96 S., 1 Zeichnung, 39 Vignetten, kart. ●

Reden und Ansprachen
für jeden Anlaß. (**4009**-1) Hrsg. von F. Sicker, 454 S., gebunden. ●●●●

Die Kunst der freien Rede
Ein Intensivkurs mit vielen Übungen, Beispielen und Lösungen.
(**4189**-6) Von G. Hirsch, 232 S., 11 Zeichnungen, Pappband. ●●●

Die überzeugende Rede
Mehr Erfolg durch bessere Rhetorik
(**0076**-6) Von K. Wolter, G. Kunz, 96 S., kart. ●

Festreden und Vereinsreden
Muster für alle Gelegenheiten
(**0069**-3) Von K. Lehnhoff, E. Ruge, 96 S., kart. ●

Trinksprüche, Gästebuchverse, Richtsprüche
(**0224**-6) Von D. Kellermann, 96 S., kart. ●

Trinksprüche
Fest- und Damenreden in Reimen
(**0791**-4) Von L. Metzner, 96 S., 14 s/w-Zeichnungen, kart. ●

Glückwünsche, Toasts und Festreden zur Hochzeit
(**0264**-5) Von I. Wolter, 112 S., 18 Zeichnungen, kart. ●

Reden zur Taufe, Kommunion und Konfirmation
(**0751**-5) Von G. Georg, 96 S., kart. ●

Reden zur Hochzeit
Musteransprachen für Hochzeitstage
(**0654**-3) Von G. Georg, 112 S., kart. ●

Reden zu Familienfesten
Musteransprachen für viele Gelegenheiten (**0675**-6) Von G. Georg, 112 S., kart. ●

Reden zum Geburtstag
Musteransprachen für familiäre und offizielle Anlässe. (**0773**-6) Von G. Georg, 96 S., kart. ●

Reden im Verein
Musteransprachen für viele Gelegenheiten (**0703**-5) Von G. Georg, 112 S., kart. ●

Reden zum Jubiläum
Musteransprachen für viele Gelegenheiten (**0595**-4) Von G. Georg, 112 S., kart. ●

Reden und Sprüche zu Grundsteinlegung, Richtfest und Einzug
(**0598**-0) Von A. Bruder, G. Georg, 96 S., kart. ●

Reden zum Ruhestand
Musteransprachen zum Abschluß des Berufslebens (**0790**-6) Von G. Georg, 104 S., kart. ●

Neue Glückwunschfibel
für groß und klein. (**0156**-8) Von R. Christian-Hildebrandt, 96 S., 13 Vignetten, kart. ●

Großes Buch der Glückwünsche
(**0255**-6) Hrsg. von O. Fuhrmann, 176 S., 77 Zeichnungen und viele Gestaltungsvorschläge, kart. ●●

Herzliche Glückwünsche!
Die schönsten Gedichte und Texte für viele Gelegenheiten. (**0942**-9) Hrsg. Von B.H. Bull, 256 S., 50 Zeichnungen, Pappband. ●●

Der Verseschmied
Kleiner Leitfaden für Hobbydichter. Mit Reimlexikon. (**0597**-0) Von T. Parisius, 96 S., 28 Zeichnungen, kart. ●

Verse fürs Poesiealbum
(**0241**-6) Von I. Wolter, 96 S., 20 Abb., kart. ●

Rosen, Tulpen, Nelken...
Beliebte Verse fürs Poesiealbum
(**0431**-1) Von W. Pröve, 96 S., 11 Faksimile-Abb., kart. ●

Kindergedichte zur grünen, silbernen und goldenen Hochzeit
(**0318**-8) Von H.-J. Winkler, 104 S., 20 Abb., kart. ●

Glückwunschverse für Kinder
(**0277**-7) Von B. Ulrici, 80 S., kart. ●

Kindergedichte für Familienfeste
(**0860**-0) Von B.H. Bull, 96 S., 20 Zeichnungen, kart. ●

Kindergedichte rund ums Jahr
(**1040**-0) Von A. Schweiggert, 80 S., 49 Zeichnungen, 6 Vignetten, kartoniert. ●

Ins Gästebuch geschrieben
(**0576**-8) Von K.H. Trabeck, 96 S., 24 Zeichnungen, kart. ●

Die schönsten Wander- und Fahrtenlieder
(**0462**-1) Hrsg. Von F.R. Miller, empfohlen vom Deutschen Sängerbund, 80 S., mit Noten und Zeichnungen, kart. ●

Die schönsten Volkslieder
(**0432**-X) Hrsg. Von D. Walther, 128 S., mit Noten und Zeichnungen, kart. ●

Erziehungsgeld, Mutterschutz, Erziehungsurlaub
Das neue Recht für Eltern
(**0835**-X) Von J. Grönert, 144 S., kart. ●

Liebe ja – Ehe nein
Die nichteheliche Lebensgemeinschaft (**1071**-0) Von T. Drewes, 104 S., 8 s/w-Zeichnungen, kartoniert. ●

Scheidung und Unterhalt
nach dem neuen Eherecht. (**0403**-6) Von T. Drewes, 112 S., mit Kosten und Unterhaltstabellen, kart. ●

Was heißt hier minderjährig?
(**0765**-5) Von R. Rathgeber, C. Rummel, 148 S., 50 Fotos, 25 Zeichnungen, kart. ●●

Testament und Erbschaft
Erbfolge, Rechte und Pflichten der Erben, Erbschafts-und Schenkungssteuer, Mustertestamente. (**4139**-X) Von T. Drewes, R. Hollender, 304 S., Pappband. ●●●

Erbrecht und Testament
Mit Erläuterungen des Erbschaftssteuergesetzes von 1974. (**0046**-4) Von Dr. jur. H. Wandrey, 124 S., kart. ●

Der letzte Wille
Ratgeber für Erblasser, Erben und Hinterbliebene in Rechts-, Versorgungs- und Steuerfragen
(**0939**-9) Von T. Drewes, 136 S., 9 s/w-Zeichnungen, kart. ●●

Mietrecht
Leitfaden für Mieter und Vermieter
(**0479**-6) Von J. Beuthner, 196 S., kart. ●●

Präzise Ratschläge für **Ihre optimale Rente**
Vorbereitung · Berechnungsgrundlagen · Gesetzesänderungen · Individuelle Rechenbeispiele. (**0806**-6) Von K. Möcks, 96 S., 24 Formulare, 1 Graphik, kart. ●

Das große farbige Kinderlexikon
(**4195**-0) Von U. Kopp, 320 S., 493 Farbabb. 17 s/w-Fotos, Pappband. ●●●

Gitarre spielen
Ein Grundkurs für den Selbstunterricht
(**0534**-2) Von A. Roßmann, 96 S., 1 Schallfolie, 150 Zeichnungen, kart. ●●●

So lernt man leicht und schnell
Maschinenschreiben
Lehrbuch für Schulen, Lehrgänge und Selbstunterricht. (**0568**-7) Von M. Kempkes, 112 S., 48 Zeichnungen, kart. ●●

FALKEN-Software
Maschinenschreiben
In 10 Tagen spielend gelernt. Von Unterichtsmedien Hoppius. (**7008**-X) Diskette für den C 64 und C 128 PC ●●●●*

FALKEN-Software
Maschinenschreiben und Tastaturtraining für Computer
(**7009**-8) Von B. Hoppius, Diskette 5 1/4'' u. 3 1/2'' für IBM PC + Kompatible, mit Begleitheft. ●●●●●*

Maschinenschreiben im Selbstunterricht
(**0170**-3) Von A. Fonfara, 88 S., kart. ●

Buchführung leicht gemacht
Ein methodischer Grundkurs für den Selbstunterricht. (**4238**-8) Von D. Machenheimer, R. Kersten, 252 S., Pappband. ●●●

Buchführung leicht gefaßt
Für Handwerker, Gewerbetreibende und freiberuflich Tätige. (**0127**-4) Von R. Pohl. 104 S., kart. ●

Stenografie leicht gelernt
im Kursus oder Selbstunterricht
(**0266**-1) Von H. Kaus, 64 S., kart. ●

Erfolgreiche Bewerbung um einen Ausbildungsplatz
(**0715**-9) Von H. Friedrich, 128 S., kart. ●

Bewerbungsstrategien
Erfolgreiche Konzepte für Karrierebewußte (**1027**-3) Von Dr. W. Reichel, 128 S., kartoniert. ●●

Die Bewerbung
Der moderne Ratgeber für Bewerbungsbriefe, Lebenslauf und Vorstellungsgespräche. (**4138**-1) Von W. Manekeller, 264 S., Pappband. ●●

Lebenslauf und Bewerbung
Beispiele für Inhalt, Form und Aufbau
(**0428**-1) Von H. Friedrich, 112 S., kart. ●

Die erfolgreiche Bewerbung
Bewerbung und Vorstellung. (**0173**-8) Von W. Manekeller, U. Schoenwald, 144 S., kart. ●●

Erfolgreiche Bewerbungsbriefe und Bewerbungsformen
(**0138**-X) Von W. Manekeller, U. Schoenwald, 88 S., kart. ●

Die Handschrift als Spiegel des Charakters
Graphologie
(**1025**-7) Von Dr. W. Busch, 104 S., 87 Schriftproben, kartoniert. ●

Vorstellungsgespräche
sicher und erfolgreich führen. (**0636**-5) Von H. Friedrich, 144 S., kart. ●

Keine Angst vor Einstellungstests
Ein Ratgeber für Bewerber. (**0793**-6) Von Ch. Titze. 120 S., 67 Zeichnungen, kart. ●

FALKEN-Software
Einstellungstests
(**7013**-6) Von B. Hoppius, Wendediskette für C 64/C 128 PC, mit Begleitheft, ●●●●*

Die ersten Tage am neuen Arbeitsplatz
Ratschläge für den richtigen Umgang mit Kollegen und Vorgesetzten
(**0855**-4) Von H. Friedrich, 104 S., kart. ●

Zeugnisse im Beruf
richtig schreiben, richtig verstehen
(**0544**-X) Von H. Friedrich, 112 S., kart. ●

So werde ich erfolgreich
Ratschläge und Tips für Beruf und Privatleben. (**0918**-6) Von H. Hans, 104 S., kart. ●●

Wege zum Börsenerfolg
Aktien · Anleihen · Optionen
(**4275**-2) Von H. Krause, 252 S., 4 s/w-Fotos, 86 Zeichnungen, Pappband. ●●●

FALKEN-Software
Börsenfieber
Spielend spekulieren mit Geld und Aktien (**7016**-0) IBM PC und Kompatible, Diskette 5 1/4'', mit Begleitheft, ●●●●●*

Konvertierungen:
(**7026**-8) für C 64/C 128 PC, mit Begleitheft
(**7027**-6) für Atari ST 520/1040, mit Begleitheft
(**7028**-4) für Amiga, mit Begleitheft
(**7044**-6) für IBM PC + Kompatible, Diskette 3 1/2'', mit Begleitheft

Schülerlexikon der Mathematik
Formeln, Übungen und Begriffserklärungen für die Klassen 5–10. (**0430**-3) Von R. Müller, 176 S., 96 Zeichnungen, kart. ●

Mathematik verständlich
Zahlenbereiche Mengenlehre, Algebra, Geometrie, Wahrscheinlichkeitsrechnung, Kaufmännisches Rechnen. (**4135**-7) Von R. Müller, 652 S., 10 s/w- und 109 Farbfotos, 802 Farbabb. und 79 s/w-Zeichnungen, über 2500 Beispiele und Übungen mit Lösungen, Pappband. ●●●●●

Mehr Erfolg in der Schule **Mathematik 1**
Arithmetik und Algebra
Übungen, Beispiele und Lösungen für die Klasse 5 bis 10
(**4420**-8) Von R. Müller-Fonfara, 256 S., 193 Zeichn., 2 s/w-Fotos, Pappband. ●●●

Mathematik 2
Geometrie, Statistik, Wahrscheinlichkeitsrechnung und kaufmännisches Rechen (**4456**-9) Von R. Müller-Fonfara, W. Scholl, 256 S., 6 s/w-Fotos, 304 Zeichnungen, Pappband. ●●●

Mathematische Formeln für Schule und Beruf
Mit Beispielen und Erklärungen. (**0499**-0) Von R. Müller-Fonfara, 156 S., 210 Zeichnungen, kart. ●

Rechnen aufgefrischt für Schule und Beruf. (**0100**-2) Von H. Rausch, 144 S., kart. ●

FALKEN-Software
Wirtschaftsrechnen in Beruf und Alltag
(**7037**-3) Diskette für IBM-PC und Kompatible, mit Begleitheft. ●●●●●*

Physik verständlich
Förderkurs für die Klassen 7 bis 10
(**0926**-7) Von Dr. Th. Neubert, 136 S., 146 s/w-Zeichnungen, 166 Aufgaben, kart. ●●

Richtige Groß- und Kleinschreibung durch neue, vereinfachte Regeln. Erläuterungen der Zweifelsfragen anhand vieler Beispiele. (**0897**-X) Von Prof. Dr. Ch. Stetter, 96 S., kart. ●

Gutes Deutsch schreiben und sprechen (**4432**-1) Von W. Manekeller, Dr. G. Reinert-Schneider, 416 S., durchgehend zweifarbig, Pappband. ●●●●

Deutsche Grammatik
Ein Lern- und Übungsbuch. (**0704**-3) Von K. Schreiner, 112 S., kart. ●

Mehr Erfolg in der Schule
Deutsche Rechtschreibung und Grammatik
Übungen und Beispiele für die Klassen 5–10. (**4407**-0) Von K. Schreiner, 256 S., durchgehend zweifarbig, Pappband. ●●●

Richtiges Deutsch
Rechtschreibung · Zeichensetzung · Grammatik · Stilkunde. (**0551**-2) Von K. Schreiner, 128 S., 7 Zeichnungen, kart. ●

Mehr Erfolg in der Schule
Der Deutschaufsatz
Übungen und Beispiele für die Klassen 5–10. (**4271**-X) Von K. Schreiner, 240 S., 4 s/w-Fotos, 51 Zeichnungen, Pappband. ●●●

Aufsätze besser schreiben
Förderkurs für die Klassen 4–10. (**0429**-X) Von K. Schreiner, 144 S., 4 s/w-Fotos, 27 Zeichnungen, kart. ●●

Mehr Erfolg in Schule und Beruf
Besseres Deutsch
Mit Übungen und Beispielen für Rechtschreibung, Diktate, Zeichensetzung, Aufsätze, Grammatik, Literaturbetrachtung, Stil, Briefe, Fremdwörter, Reden. (**4115**-2) Von K. Schreiner, 444 S., 7 s/w-Fotos, 27 Zeichnungen, Pappband. ●●●

Richtige Zeichensetzung
durch neue, vereinfachte Regeln. Erläuterungen der Zweifelsfragen anhand vieler Beispiele. (**0744**-4) Von Prof. Dr. Ch. Stetter, 160 S., kart. ●

Diktate besser schreiben
Übungen zur Rechtschreibung für die Klasse 4–8. (**0469**-9) Von K. Schreiner, 152 S., 31 Zeichnungen, kart. ●

Besseres Englisch
Grammatik und Übungen für die Klassen 5 bis 10. (**0745**-0) Von E. Henrichs, 144 S., kart. ●●

Mehr Erfolg in der Schule
Englische Grammatik
Regeln und Übungen für die Klassen 5 bis 13 (**4431**-3) Von E. Heinrichs-Kleinen, 256 S., durchgehend zweifarbig, Pappband. ●●●

FALKEN-Software
The Grammar-Master
Englische Grammatik üben und beherrschen (**7002**-0) Diskette für den C 64/C 128 PC ●●●●*

Konvertierungen:
(**7030**-6) Diskette für IBM PC + Kompatible, mit Begleitheft. ●●●●●*
(**7031**-4) Diskette für Atari ST 520/1040, mit Begleitheft. ●●●●●*
(**7032**-2) Diskette für Amiga, mit Begleitheft. ●●●●●*

FALKEN-Software
Take a Trip to Britain
(**7004**-7) Von reLine, Diskette für C 64/C 128 PC, mit Begleitheft. ●●●●*

Konvertierungen:
(**7039**-X) Diskette 5 1/4'' für IBM PC + Kompatible, mit Begleitheft. ●●●●●*

FALKEN-Software
Vokabeltrainer Englisch
Von B. Hoppius. (**7001**-2) 2 Disketten für C 64/C 128 PC, mit Begleitheft. ●●●●●*
(**7007**-1) Wendediskette für Atari ST 520/1040, mit Begleitheft. ●●●●●*

FALKEN-Software
Vokabel Trainer Französisch
Über 2000 Vokabeln und Redewendungen (**7018**-7) Systemdiskette u. Wendediskette für C 64/C 128 PC, mit Begleitheft, (**7019**-5) Diskette für IBM-PC und Komp., mit Begleitheft. ●●●●●

FALKEN-Software
Bon voyage
Spielend Französisch lernen mit dem Computer
(**7036**-5) Diskette für IBM PC + Kompatible, mit Begleitheft. ●●●●●*

Konvertierungen:
(**7042**-X) Diskette für Atari ST 520/1040, mit Begleitheft. ●●●●●*
(**7043**-8) Diskette für Amiga, mit Begleitheft. ●●●●●*

FALKEN-Software
Vokabel Trainer Latein
(**7022**-5) Von B. Hoppius, Wendediskette für C 64/C 128 PC, mit Begleitheft. ●●●●●

Konvertierungen:
(**7033**-0) Diskette für IBM PC + Kompatible, mit Begleitheft. ●●●●●*

Schnell und sicher zum Führerschein
Tips und Tricks aus 30jähriger-Fahrschul-Praxis. (**0921**-6) Von O. Einert, 152 S., 156 Farbfotos, 161 z.T. farb. Zeichnungen, kart. ●●

FALKEN-Software
Schnell und sicher zum Führerschein
Intensivtraining mit dem amtlichen Fragenkatalog
(**7011**-X) Diskette für C 64/C 128 PC, mit Begleitheft und Fragenkatalog. ●●●●●*

Konvertierungen:
(**7024**-1) Diskette für Atari ST 520/1040, mit Begleitheft. ●●●●●*
(**7029**-2) Diskette für Amiga, mit Begleitheft. ●●●●●*

Die neue Lebenshilfe **Biorhythmik**
Höhen und Tiefen der persönlichen Lebenskurven vorausberechnen und danach handeln. (**0458**-3) Von W. A. Appel, 157 S., 63 Zeichnungen, Pappband. ●●

Wie Sie im Schlaf das Leben meistern
Schöpferisch träumen
Der Klartraum als Lebenshilfe
(**4258**-2) Von Prof. D. P. Tholey, K. Utecht. 280 S., 1 s/w-Foto, 20 Zeichn., Pbd. ●●●

Falken-Handbuch **Astrologie**
Charakterkunde · Schicksal · Liebe und Beruf Berechnung und Deutung von Horoskopen · Aszendenttabelle. (**4068**-7) Von B.A. Mertz, 342 S., mit 60 erläuternden Grafiken, Pappband. ●●●

Wahrsagen mit Tarot-Karten
(**0482**-6) Von E.J. Nigg, 112 S., 4 Farbtafeln, 52 s/w-Abb., Pappband. ●

Selbst wahrsagen mit Karten
Die Zukunft in Liebe, Beruf und Finanzen (**0404**-4) Von R. Koch, 80 S., 252 Abb., Pappband. ●

Die 12 Tierzeichen
Chinesisches Horoskop
(**0423**-0) Von G. Haddenbach, 128 S., Pappb. ●

Die 12 Sternzeichen
Charakter, Liebe und Schicksal. (**0385**-4) Von G. Haddenbach, 136 S., kart. ●●

Partnerschaftshoroskop
Glück und Harmonie mit Ihrem Traumpartner. (**0587**-3) Von G. Haddenbach, 112 S., 11 Zeichnungen, kart. ●

Sternstunden
für Liebe, Glück und Geld, Berufserfolg und Gesundheit. Das ganz persönliche Mitbringsel für **Widder** (**0621**-7), **Stier** (**0622**-5), **Zwillinge** (**0623**-3), **Krebs** (**0624**-1), **Löwe** (**0625**-7), **Jungfrau** (**0626**-8), **Waage** (**0627**-6), **Skorpion** (**0628**-4), **Schütze** (**0629**-2), **Steinbock** (**0630**-6), **Wassermann** (**0631**-4), **Fische** (**0632**-2) Von L. Cancer, 62 S., durchgehend farbig, Zeichnungen, Pappband. ●

Im Zeichen der Sterne
(**0951**-8) Der feurige Widder
(**0952**-6) Der willensstarke Stier
(**0953**-4) Die vielseitigen Zwillinge
(**0954**-2) Der feinfühlige Krebs
(**0955**-0) Der königliche Löwe
(**0956**-9) Die zuverlässige Jungfrau
(**0957**-7) Die charmante Waage
(**0958**-5) Der leidenschaftliche Skorpion
(**0959**-3) Der temperamentvolle Schütze
(**0960**-7) Der treue Steinbock
(**0961**-5) Der selbstbewußte Wassermann
(**0962**-3) Die romantischen Fische
Von G. Haddenbach, 64 S., 35 Farbfotos, Pappband. ●

Humor und Unterhaltung

Heitere Vorträge
(**0528**-8) Von E. Müller, 128 S., 14 Zeichnungen, kart. ●

So feiert man Feste fröhlicher
Heitere Vorträge und Gedichte
(**0098**-7) Von Dr. Allos, 96 S., 15 Abb., kart. ●

Heitere Vorträge und witzige Reden
Lachen, Witz und gute Laune
(**0149**-5) Von E. Müller, 104 S., 44 Abb., kart. ●

Lustige Vorträge für fröhliche Feiern
(**0284**-X) Von K. Lehnhoff, 96 S., kart. ●

Da lacht das Publikum
Neue lustige Vorträge für viele Gelegenheiten. (**0716**-7) Von H. Schmalenbach, 96 S., kart. ●

Humor und Stimmung
Ein heiteres Vortragsbuch
(**0460**-5) Von G. Wagner, 112 S., kart. ●

Gereimte Vorträge
für Bühne und Bütt. (**0567**-9) Von G. Wagner, 96 S., kart. ●

Narren in der Bütt
Leckerbissen aus dem rheinischen Karneval (**0216**-5) Zusammengestellt von T. Lücker, 112 S., kart. ●

Damen in der Bütt
Scherze, Büttenreden, Sketche
(**0354**-4) Von T. Müller, 136 S., kart. ●

Rings um den Karneval
Karnevalsscherze und Büttenreden
(**0130**-4) Von Dr. Allos, 144 S., 2 Zeichnungen, kart. ●●

Wir feiern Karneval
Festgestaltung und Reden für die närrische Zeit. (**0904**-6) Von M. Zweigler, 120 S., 7 Zeichnungen, kart. ●

Helau und Alaaf 1 Närrisches aus der Bütt (**0304**-8) Von E. Müller, 112 S., 4 Zeichnungen, kart. ●

Helau und Alaaf 2
Neue Büttenreden für Sie und Ihn
(**0477**-X) Von E. Luft, 96 S., kart. ●

Helau und Alaaf 3
Neue Reden für die Bütt. (**0832**-5) Von H. Fauser, 112 S., 13 Zeichnungen, kart. ●

Helau und Alaaf 4
Neue Büttenreden für Sie und Ihn (**0983**-6) Hrsg. H. Fauser, 96 S., 15 s/w-Zeichn., zahlreiche Vignetten, kart. ●

Locker vom Hocker
Witzige Sketche zum Nachspielen (**4262**-0) Von W. Giller, 144 S., 41 Zeichnungen, Pappband. ●●

Sketche und Blackouts zum Nachspielen
(**0941**-0) Von E. Cohrs, 112 S., 12 Zeichnungen, kart. ●

Sketche und spielbare Witze
für bunte Abende und andere Feste. (**0445**-1) Von H. Friedrich, 112 S., 7 Zeichnungen, kart. ●

Sketche
Kurzspiele zu amüsanter Unterhaltung. (**0247**-5) Von M. Gering, 96 S., 4 s/w-Zeichnungen, kart., ●

Vorhang auf!
Neue Sketche für jung und alt. (**0898**-8) Von H. Pillau, 96 S., 22 Zeichnungen, kart. ●

Witzige Sketche zum Nachspielen
(**0511**-3) Von D. Hallervorden, 112 S., kart. ●●

Tolle Sketche
mit zündenden Pointen – zum Nachspielen. (**0656**-X) Von E. Cohrs, 112 S., kart. ●

Vergnügliche Sketche
(**0476**-1) Von H. Pillau, 96 S., 7 Zeichn., kart. ●

Lustige Sketche
Kurze Theaterstücke für Jungen und Mädchen (**0669**-1) Von U. Lietz, U. Lange, 96 S., kart. ●

Spielbare Witze für Kinder
(**0824**-4) Von H. Schmalenbach, 112 S., 30 Zeichnungen, kart. ●

Witze
Lachen am laufenden Band (**4241**-8) Von J. Burkert, D. Kroppach; 400 S., 41 Zeichnungen, Pappband. ●●

Die besten Kalauer
(**0705**-1) Von K. Frank, 112 S., 12 Zeichnungen, kart. ●

Die besten Beamtenwitze
(**0574**-1) Von W. Pröve, 80 S., 39 Zeichnungen, kart. ●

O frivol ist mir am Abend
Pikante Witze von Fred Metzler. (**0388**-9) Von F. Metzler, 128 S., mit Karikaturen, kart. ●

Fips Asmussens Witze
am laufenden Band (**0461**-3) 96 S., kart. ●

Spaßvögel
Über sexhundert komische Nummern (**0888**-0) Von E. Zeller, mit Limericks Von W. Müller, 220 S., 200 Vignetten, kart. ●

Heller Wahnwitz
(**0887**-2) Von D. Kroppach, 220 S., 200 Vignetten, kart. ●

Die Kleidermotte ernährt sich von nichts, sie frißt nur Löcher
Stilblüten, Sprüche und Widersprüche aus Schule, Zeitung, Rundfunk und Fernsehen. (**0738**-8) Von P. Haas, D. Kroppach, 112 S., zahlreiche Abb. kart. ●

Witzig, witzig
(**0507**-5) Von E. Müller, 128 S., 16 Zeichnungen, kart. ●

Die besten Kinderwitze
(**0757**-4) Von K. Rank, 112 S., 28 Zeichnungen, kart. ●

Ich lach mich kaputt!
Die besten Kinderwitze
(**0545**-8) Von E. Hannemann, 96 S., 10 Zeichnungen, kart. ●

Lach mit!
Witze für Kinder, gesammelt von Kindern. (**0468**-0) Von W. Pröve, 96 S., 17 Zeichnungen, kart. ●

Die besten Kurzgeschichten von Mark Twain
(**4458**-5) Ausgewählt von D. Zimmer, 128 S., Pappband. ●

Kritik des Herzens
Heiter-besinnliche Verse von Wilhelm Busch
(**4459**-3) Herausgegeben von D. Zimmer, 96 S., Pappband. ●

Die schönsten Galgenlieder von Christian Morgenstern
(**4460**-7) Ausgewählt von D. Zimmer, 128 S., Pappband. ●

Scherz und Satire von Roda Roda
(**4462**-3) Ausgewählt von D. Zimmer, 112 S., Pappband. ●

Beliebte Autoren des 19. Jahrhunderts
Englischer Humor
(**4463**-1) Ausgewählt von D. Zimmer, 112 S., Pappband. ●

Spiele und Denksport

Neues Buch der siebzehn und vier Kartenspiele
(**0095**-2) Von K. Lichtwitz, 96 S., kart. ●

Alles über Pokern
Regeln und Tricks. (**2024**-4) Von C.D. Grupp, 112 S., 29 Kartenbilder, kart. ●

Rommé und Canasta
in allen Variationen. (**2025**-2) Von C.D. Grupp, 88 S., 24 Zeichnungen, kart. ●

Doppelkopf, Schafkopf, Binokel, Cego, Tarock und andere Stammtischspiele. (**2015**-5) Von C.D. Grupp, 112 S., kart. ●

Black Jack
Regeln und Strategien des Kasinospiels. (**2032**-3) Von K. Kelbratowski, 88 S., kart. ●

Spielend Skat lernen
unter freundlicher Mitarbeit des Deutschen Skatverbandes. (**2005**-8) Von Th. Krüger, 120 S., 181 s/w-Fotos; 22 Zeichn., kart. ●

Falken-Handbuch **Patiencen**
Die 111 interessantesten Auslagen (**4151**-9) Von U.v.Lyncker, 216 S., 108 Abbildungen, Pappband. ●●●

Patiencen
in Wort und Bild. (**2003**-1) Von I. Wolter-Rosendorf, 120 S., kart. ●

Neue Patiencen
(**2036**-8) Von H. Sosna, 160 S., 43 Farbtafeln, kart. ●●

Falken-Handbuch **Bridge**
Von den Grundregeln zum Turnierspiel (**4092**-X) Von W. Voigt und K. Ritz, 280 S., 792 Zeichnungen, gebunden. ●●●●

Spielend Bridge lernen
(**2012**-0) Von J. Weiss, 96 S., 58 Zeichnungen, kart. ●

Präzisions-Treff im Bridge
(**2037**-6) Von E. Jannersten, 152 S., kart. ●●

Spieltechnik im Bridge
(**2004**-X) Von V. Mollo und N. Gardener, deutsche Adaption Von D. Schröder, 152 S., kart. ●●●

Besser Bridge spielen
Reiztechnik, Spielverlauf und Gegenspiel. (**2026**-0) Von J. Weiss, 144 S., 60 Diagramme, kart. ●●

Kartentricks
(**2010**-4) Von T.A. Rosee, 80 S., 13 Zeichnungen, kart. ●

Neue Kartentricks
(**2027**-9) Von K. Pankow, 104 S., 20 Abb., kart. ●

Das japanische Brettspiel Go
(**2020**-1) Von W. Dörholt, 104 S., 182 Diagramme, kart. ●

Mah-Jongg
Das chinesische Glücks-, Kombinations- und Gesellschaftsspiel. (**2030**-9) Von U. Eschenbach, 80 S., 30 s/w-Fotos, 5 Zeichn., kart. ●

Backgammon
für Anfänger und Könner. (**2008**-2) Von G.W. Fink und G. Fuchs, 104 S., 41 Abb., kart. ●

Das Backgammon-Handbuch
(**4422**-4) Von E. Heyken, M.B. Fischer, 232 S., 400 Abbildungen, Pappband. ●●●●

Würfelspiele
für jung und alt. (**2007**-4) Von F. Pruss, 112 S., 21 s/w-Zeichnungen, kart. ●

Roulette richtig gespielt
Systemspiele, die Vermögen brachten (**0121**-5) Von M. Jung, 96 S., zahlreiche Tabellen, kart. ●

Gesellschaftsspiele
für drinnen und draußen. (**2006**-6) Von H. Görz, 112 S., kart. ●

Spiele für Party und Familie
(**2014**-7) Von Rudi Carrell, 80 S., 22 Zeichnungen kart. ●

Neue Spiele für ihre Party
(**2022**-8) Von G. Blechner, 112 S., 54 Zeichnungen, kart. ●

Lustige Tanzspiele und Scherztänze
für Partys und Feste. (**0165**-7) Von E. Bäulke, 80 S., 53 Abb. kart. ●

Das Spiel mit der Schwerkraft
Jonglieren
mit Bällen, Keulen, Ringen und Diabolo (**1009**-5) Von S. Peter, 80 S., 149 Farbfotos, kartoniert. ●●

Magische Zaubereien
(**0672**-1) Von W. Widenmann, 64 S., 31 Zeichnungen, kart. ●

Zaubertricks für Anfänger und Fortgeschrittene
(**0282**-3) Von J. Merlin, 160 S., 113 Abb., kart. ●●

Zaubern
einfach – aber verblüffend. (**2018**-X) Von D. Bouch, 84 S., 41 Zeichnungen, kart. ●

Scherzfragen, Drudel und Blödeleien
gesammelt von Kindern. (**0506**-7) Hrsg. von W. Pröve, 80 S., 57 Zeichnungen, kart. ●

Kinderspiele
die Spaß machen. (**2009**-0) Von H. Müller-Stein, 104 S., 28 Abb., kart. ●

Kinderspiele mit Buchstaben und Wörtern
(**1041**-9) Von Dr. U. Vohland, 96 S., 53 Zeichnungen, kartoniert. ●

Spiele für Kleinkinder
(**2011**-2) Von D. Kellermann, 80 S., 23 Abb., kart. ●

Spiel und Spaß am Krankenbett
für Kinder und die ganze Familie. (**2035**-X) Von H. Bücken, 96 S., 97 Zeichnungen, kart. ●

Spiele im Freien
(**2038**-4) Von G. Wagner, 88 S., 20 zweif. Zeichnungen, kartoniert. ●

Guten Tag, Kinder!
Neue Texte mit Spielanleitungen fürs Kasperletheater. (**0861**-9) Von U. Lietz, 96 S., 18 s/w-Zeichnungen, kart. ●

Kasperletheater
Spieltexte und Spielanleitungen · Basteltips für Theater und Puppen. (**0641**-1) Von U. Lietz, 114 S., 4 Farbtafeln, 12 s/w-Fotos, 39 Zeichnungen, kart. ●

Kindergeburtstage, die keiner vergißt
Planung, Gestaltung, Spielvorschläge. (**0698**-5) Von G. und G. Zimmermann, 104 S., 80 Vignetten, kart. ●

Kindergeburtstag
Vorbereitung, Spiel und Spaß. (**0287**-4) Von Dr. I. Obrig, 136 S., 40 Abb., 11 Zeichnungen, 9 Lieder mit Noten, kart. ●

Knobeleien und Denksport
(**2019**-8) Von K. Rechberger, 142 S., 105 Zeichnungen, kart. ●

Das Super-Kreuzwort-Rätsel-Lexikon
Über 150.000 Begriffe. (**4279**-5) Von H. Schiefelbein, 688 S., Pappband. ●●

Riesen-Kreuzwort-Rätsel-Lexikon
über 250.000 Begriffe. (**4197**-7) Von H. Schiefelbein, 1024 S., Pappband. ●●●

Computerbücher und Software

FALKEN Computer Lexikon
(**4185**-3) 312 S., 173 s/w-Fotos, Pbd. ●●●

Computer-Grundwissen
Eine Einführung in Funktion und Einsatzmöglichkeiten. (**4302**-3) Von W. Bauer, 176 Seiten, 193 Farb- und 12 s/w-Fotos, 37 Computergrafiken, kart. ●●● (4301) Pbd. ●●●●

Grundwissen Informationsverarbeitung
(**4314**-7) Von H. Schiro, 312 S., 59 s/w-Fotos, 133 s/w-Zeichnungen, Pappband. ●●●●●

Computergrafik
Von den Grundlagen bis zum perfekten 3 D-Programm. (**4319**-8) Von A. Brück, 296 S., 20 Farbtafeln, 180 s/w-Grafiken, 50 s/w- Zeichn., 83 Listings, Pappband. ●●●●●

Daten-Fernübertragung
Vom Akustikkoppler bis zum lokalen Netzwerk
(**4325**-2) Von P.C. den Heijer, R. Tolsma, ca. 288 S., zahlreiche Abb., kartoniert. ●●●●●

Microsoft Excel
Tabellenkalkulationen, Geschäftsgrafik und Datenbank im Selbststudium für alle Versionen bis 2.1. Mit Tutor-Diskette.
(**4333**-3) Von P. Vogel, M. Hofmann, 176 S., 112 zweifarbige Abb., kartoniert. ●●●●●

Microsoft Word
Textverarbeitung, MailMerge und Desktop Publishing im Selbststudium
Für alle Versionen bis 4.0
(**4328**-7) Von A. Görgens, 160 S., 120 Abbildungen, kart. ●●●●

dBASE III PLUS dBASE IV
Der einfache Weg zur individuell programmierten Datenbank
Mit Tutor-Diskette
(**4326**-0) Von P. Vogel, Th. Kregeloh, M. Hofmann, 272 S., 63 Abb., kart. ●●●●●

Open Access II
Textverarbeitung, Kalkulation und Datenverarbeitung im Selbststudium
(**4327**-9) Von A. Görgens, 184 S., 108 Abbildungen, kart. ●●●●

Desktop Publishing
Setzen und Drucken auf dem Schreibtisch.
(**4323**-6) Von A. Görgens, 120 S., 11 s/w-Fotos, 72 Zeichnungen, kart. ●●●

Garantiert BASIC lernen mit dem C 128
Mit kompletter Kurs-Diskette
(**4321**-X) Von A. Görgens, 288 S., 4 s/w-Fotos, 83 Zeichnungen, kart. ●●●●●

WordStar Praxis professionell
Für die Versionen 3.4/3.45/4.0
Erweiterungen · Praxis-Tips · Datenaustausch · Desktop Publishing. (**4324**-4) Von A. Görgens, 172 S., 2 s/w-Fotos, 2 s/w- Zeichnungen, 116 s/w-Grafiken, kart. ●●●●

Desktop Publishing: Typographie und Layout
Seiten gestalten am PC. Für Einsteiger und Profis
(**4330**-9) Von Dr. H. D. Baumann, M. Klein, ca. 280 S., zahlreiche zweifarbige Abb., Pappband. ●●●●●

Einführung in Pascal
Garantiert Pascal lernen durch schrittweise Erarbeitung
(**4329**-5) Von R. Röder, ca. 160 S., durchgehend zweifarbig, kartoniert. ●●●●

Heimcomputer-Bastelkiste
Messen, Steuern, Regeln mit C 64-, Apple II-. MSX-, TANDY-, MC-, Atari- und Sinclair-Computern. (**4309**-0) Von G.A. Karl, 256 S., 160 Zeichnungen, kart. ●●●●

Schach mit dem Computer
(**0747**-7) Von D. Frickenschmidt, 140 S., 112 Diagramme, 29 s/w-Fotos, 5 Zeichnungen, kart. ●●

Einstellungstests
Die optimale Vorbereitung für Bewerber
(**7013**-6) Wendediskette für C 64/C 128 PC, mit Begleitheft. ●●●●*

Ego-Tests
Sich und andere besser erkennen und verstehen
(**7012**-8) Diskette für IBM PC und kompatible (MS DOS), mit Begleitheft. ●●●●●*

Schnell und sicher zum
Führerschein
Intensivtraining mit dem amtlichen Fragenkatalog
(**7011**-X) Wendediskette für C 64/C 128 PC, mit Begleitheft und Fragenkatalog.
(**7024**-1) für Atari ST 520/1040, mit Begleitheft,
(**7029**-2) für Amiga, mit Begleitheft
●●●●●*

Maschinenschreiben
In 10 Tagen spielend gelernt
IBM PC und Kompatible
(**7008**-X) Disk. für C 64/C 128 PC, ●●●●*

Maschinenschreiben und Tastaturtraining für Computer
(**7009**-8) Von B. Hoppius, Diskette 5 1/4'' u. 3 1/2'' für IBM PC + Kompatible, mit Begleitheft. ●●●●●*

Das komplette Schachprogramm
(**7006**-3) Diskette für C 64/C 128 PC, mit Begleitheft ●●●●●*

Zug um Zug Schach für jedermann 1
Offizielle Schach-Lernsoftware des Deutschen Schachbundes zur Erringung des Bauerndiploms
(**7015**-2) Diskette für C 64/C 128 PC mit Begleitheft,
(**7005**-1) Diskette für Atari ST 520/1040, mit Begleitheft. ●●●●●*

TEXAD
Text- und Adressenverwaltung
Mit Musterbriefen und Formularen für den privaten und geschäftlichen Bereich
(**7017**-9) für IBM-PC und Kompatible, Disk. 5 1/4'', mit Begleitheft. Einführungspreis bis 11.10.90 **DM 198,–;** S 1980,–; Fr 193.30, danach **DM 258,–;** S 2580,–; Fr 251.70.
(**7048**-9) Diskette 3 1/2'', mit Handbuch. ●●●●●*
(**7049**-7) Demo-Version 5 1/4'', o. Handbuch. ●●*
(**7050**-0) Demo-Version 3 1/2'', o. Handbuch. ●●*

DOS-Tutor
DOS lernen, üben und beherrschen
(**7020**-9) Diskette 5 1/4'' für IBM PC + Kompatible, mit Begleitheft. ●●●●●*
(**7021**-7) Diskette 3 1/2'' für IBM PC + Kompatible, mit Begleitheft. ●●●●●*

Wirtschaftsrechnen in Beruf und Alltag
(**7037**-3) Diskette für IBM PC + Kompatible, mit Begleitheft. ●●●●●

Vokabeltrainer Englisch
Über 2000 Vokabeln und Redewendungen
(**7001**-2) 2 Disk. für C 64/C 128 PC, mit Begleitheft
(**7007**-1) Disk. für Atari ST 520/1040, mit Begleitheft. ●●●●●*

Take a Trip to Britain
Spielend Englisch lernen mit dem Computer
(**7004**-7) Diskette für C 64/C 128 PC, mit Begleitheft. ●●●●*
(**7039**-X) Diskette 5 1/4'' für IBM PC + Kompatible, mit Begleitheft. ●●●●●*

The Grammar Master
(**7002**-0) Diskette für C 64/C 128 PC, mit Begleitheft. ●●●●*
(**7030**-6) für IBM-PC + Kompatible, mit Begleitheft, ●●●●●*
(**7031**-4) für Atari ST 520/1040 mit Begleitheft, ●●●●●*
(**7032**-2) für Amiga, mit Begleitheft. ●●●●●*

Vokabeltrainer Französisch
Über 2000 Vokabeln und Redewendungen
(**7018**-7) Systemdisk. + Wendedisk. f. C 64/C 128 PC, mit Begleitheft, (**7019**-5) Disk. für IBM-PC und Kompatible, mit Begleitheft. ●●●●●*

Bon voyage
Spielend Französisch lernen mit dem Computer
(**7036**-5) Diskette für IBM PC + Kompatible, mit Begleitheft. ●●●●●*

Vokabeltrainer Latein
Über 2000 Vokabeln und Redewendungen frei erweiterbar
(**7022**-5) Von B. Hoppius, 2 Wendedisketten für C 64/C 128 PC, mit Begleitheft.
(**7033**-0) Diskette für IBM PC + Kompatible, mit Begleitheft. ●●●●●*

Börsenfieber
Spielend spekulieren mit Geld und Aktien
(**7016**-0) Für IBM-PC und Kompatible, Diskette 5 1/4'', mit Begleitheft.
(**7026**-8) für C 64/C 128 PC, mit Begleitheft,
(**7027**-6) für Atari ST 520/1040, mit Begleitheft,
(**7028**-4) für Amiga, mit Begleitheft. ●●●●●*
(**7044**-6) für IBM PC + Kompatible, Diskette 3 1/2'', mit Begleitheft. ●●●●●*
(**7038**-1) für C 64/128 C Kassette, mit Begleitheft. ●●●●*

Video

Kochschule mit Paul Bocuse
Der Meisterkoch verrät die Geheimnisse der französischen Küche
(**6016**-5) VHS, 60 Min., in Farbe, mit Begleitheft. ●●●●●*

Hobby Aquarellmalen
Landschaft und Stilleben
(**6022**-X) VHS, 40 Min., in Farbe, mit Begleitheft. ●●●●*

Hobby Ölmalerei
Landschaft und Stilleben
(**6025**-4) VHS, 40 Min., in Farbe, mit Begleitheft. ●●●●*

Perfekt Stricken
Neue Techniken Schritt für Schritt
(**6007**-6) VHS, 51 Min., in Farbe, mit Begleitheft. ●●●●*

Hobby Salzteig
Rezepte/Techniken/Modelle
(**6010**-6) VHS, 35 Min., in Farbe, mit Begleitheft. ●●●*

Basteln mit Kindern
(**6041**-6) VHS, 60 Min., in Farbe, mit Vorlagen in Originalgröße, mit Begleitheft. ●●●*

Die Modelleisenbahn
Anlagenbau in Modultechnik
(**6028**-9) VHS, 30 Min., in Farbe. ●●●●*

Karate
Einführung und Grundtechniken
(**6037**-8) VHS, 45 Min., in Farbe, mit Begleitheft. ●●●●*

Fit und Gesund
Körpertraining und Bodybuilding zu Hause
(**6013**-0) VHS, 30 Min., in Farbe, mit Begleitheft. ●●●●*

Pflanzenjournal
Blumen- und Pflanzenpflege im Jahreslauf
(**6036**-X) VHS, 30 Min., mit Begleitheft. ●●●●*

Schnitt und Pflege von Bäumen und Sträuchern
(**6050**-5) VHS, 45 Min., in Farbe, mit Begleitheft. ●●●●*

Aktfotografie
Gestaltung/Technik/Spezialeffekte
Interpretationen zu einem unerschöpflichen Thema
(**6001**-7) VHS, 60 Min., in Farbe, mit Begleitheft. ●●●●●*

Golf
(**6053**-X) VHS, 60 Min., in Farbe, mit Begleitheft. ●●●●●*

TELE-SKI
Skigymnastik perfekt
(**6052**-1) VHS, 60 Min., in Farbe, mit Begleitheft. ●●●●●*

Internationale Deutsche Rallye-Meisterschaft '89
(**6045**-8) VHS, 60 Min., in Farbe, mit Begleitheft. ●●●●*

Videografieren
Technik/Bildgestaltung/Schnitt/Vertonung
Filmen mit Video 8
(**6031**-9) VHS,
(**6033**-5) Beta, (**6034**-3) Video 8,
60 Min., in Farbe, mit Begleitheft. ●●●●●*

Videografieren perfekt
Profitricks für Aufnahmetechnik und Nachbearbeitung
(**6042**-4) VHS, (**6043**-2) Beta, (**6044**-4) Video 8, 60 Min., in Farbe, mit Begleitheft. ●●●●●*

Streicheleinheiten für Körper und Seele
Körper Massage
(**6051**-3) VHS, 45 Min., in Farbe, mit Begleitheft. ●●●●●*

Reiseziel **New York**
Die schönsten Sehenswürdigkeiten, präzise Informationen, praktische Tips
(**6048**-3) VHS, 60 Min., in Farbe, mit Begleitbroschüre. ●●●●●*

Reiseziel **Kalifornien**
San Franzisko und die schönsten Ziele in Kalifornien.
Präzise Informationen und praktische Tips
(**6049**-1) VHS, 60 Min., in Farbe, mit Begleitbroschüre. ●●●●●*

Reiseziel **Florida**
(**6054**-8) VHS, 60 Min., in Farbe, mit Begleitheft. ●●●●●*

Reiseziel **USA**
(**6055**-6) VHS, 60 Min., in Farbe, mit Begleitheft. ●●●●●*

Reiseziel **Irland**
(**6059**-9) VHS, 60 Min., in Farbe, mit Begleitheft. ●●●●●*

Reiseziel **DDR**
(**6061**-0) VHS, 60 Min., in Farbe, mit Begleitheft. ●●●●●*

Info-Tour USA
Die Highlights aus dem FALKEN Reiseprogramm
(**6060**--2) VHS, 30 Min., in Farbe, mit Begleitheft. ●

Gesund durch Gedankenenergie
Heilung im gemeinsamen Kraftfeld
(**6035**-1) VHS, 45 Min., in Farbe, mit Begleitheft. ●●●●●*

Körpersprache
verstehen und deuten
(**6046**-7) VHS, 60 Min., in Farbe, mit Begleitheft. ●●●●●*

Das erfolgreiche Vorstellungsgespräch
(**6047**-5) VHS, 60 Min., in Farbe, mit Begleitheft. ●●●●●*

Bestellschein

Erfüllungsort und Gerichtsstand für Vollkaufleute ist der jeweilige Sitz der Lieferfirma. Für alle übrigen Kunden gilt dieser Gerichtsstand für das Mahnverfahren. Falls durch besondere Umstände Preisänderungen notwendig werden, erfolgt Auftragserledigung zu dem bei der Lieferung gültigen Preis.

Ich bestelle hiermit aus dem Falken-Verlag GmbH, Postfach 11 20, D-6272 Niedernhausen/Ts., durch die Buchhandlung:

Ex.

Ex.

Ex.

Ex.

Name: Datum:

Straße:

Ort: Unterschrift:

Die hier vorgestellten Bücher, Videokassetten und Software sind in folgende Preisgruppen unterteilt:

● Preisgruppe bis DM 10,–/S 79,–/SFr.10
●● Preisgruppe über DM 10,– bis DM 20,– S 80,– bis S 160,– SFr. 10,– bis SFr. 20,–
●●● Preisgruppe über DM 20,– bis DM 30,– S 161,– bis S 240,– SFr. 20,– bis SFr. 29,–
●●●● Preisgruppe über DM 30,– bis DM 50,– S 241,– bis S 400,– SFr. 29,– bis SFr. 48,–
●●●●● Preisgruppe über DM 50,–/S 401,–/SFr.48,–
*(unverbindliche Preisempfehlung)

Die Preise entsprechen dem Status beim Druck dieses Verzeichnisses (s. Seite 1) – Änderungen, im besonderen der Preise, vorbehalten –

Falken-Verlag GmbH · Postfach 1120 D-6272 Niedernhausen/Ts. · Tel.: 06127/7020